एक सोच
बदल सकती है तकदीर

सनील कमार खोईवाल

डायमंड बुक्स

www.diamondbook.in

प्रकाशक : डायमंड पॉकेट बुक्स (प्रा.) लि.

X-30 ओखला इंडस्ट्रियल एरिया, फेस -II

नई दिल्ली- 110020

फोन : 011-40712200

ई-मेल : sales@dpb.in

वेबसाइट : www.diamondbook.in

संस्करण : 2023

मुद्रक : रेप्रो (इंडिया)

Ek Soch Badal Sakati Hai Takadeer
by *Sunil Kumar Khoiwal*

प्रस्तावना

"नजर को बदलो तो नजारे बदल जाते हैं,
सोच को बदलो तो सितारे बदल जाते हैं
कश्तियां बदलने की जरूरत नहीं है,
दिशाओं को बदलो किनारे खुद ब खुद बदल जाते हैं।"

आज हमारी सोच ही बहुत छोटी है जब तक सोच को नहीं बदलेंगे तब तक कुछ नहीं बदलेगा आज हमें खुद पर विश्वास नहीं है अगर पड़ोसी बोल दे कि तू यह नहीं कर सकता है तो हम मान लेते हैं यह हमसे नहीं होगा, जबकि चार प्रेरक वक्ता बोल रहे हैं कि कोई कर सकता है तो तुम भी कर सकते हो पर इनकी बात पर विश्वास नहीं होता है क्योंकि हम नकारात्मकता के माहौल में बहुत अंदर तक जा चुके हैं हमें सबसे पहले सकारात्मक सोचना होगा तब ही हम कोई सकारात्मक कार्य कर पाएंगे।

अधिकतर लोग किस्मत के भरोसे बैठे रहते हैं कि मेरी किस्मत खराब है। किस्मत को कर्मों के तूफान पैदा करके बदला जा सकता है अगर आप हाथ पर हाथ धरे बैठे रहेंगे तो किस्मत भी पैर पर पैर रख कर बैठी रहेगी इसलिए कर्म करें मेहनत करें परिणाम बदल जाएंगे।

हम लोग किसी ज्योतिष के पास जाते हैं वह बोल देते हैं कि तेरी किस्मत में बड़ा बनना लिखा है तो हम उस पर विश्वास नहीं करते हैं पर कोई ज्योतिष बोल देता है कि आपकी ग्रह दशा खराब है तो हम तुरंत विश्वास कर लेते हैं हमारे दिमाग में ऐसा फिल्टर होना चाहिए कि कोई कुछ भी नकारात्मक बोल दे तो उसका हमारे दिमाग पर असर नहीं होना चाहिए।

एक बार एक व्यक्ति एक हाथ में रोटी लेकर दूसरे हाथ से रोटी की कोर को तोड़कर रोटी पर लगा लगा कर खा रहा था पास से एक सज्जन गुजरे उन्होंने देखा रोटी पर कुछ नहीं था फिर भी वह रोटी की कोर तोड़ता और रोटी पर लगाता फिर

खाता, उन सज्जन से रहा नहीं गया उन्होंने उस व्यक्ति से पूछ लिया कि आपकी रोटी पर कुछ नहीं है फिर भी उस पर कोर क्यों लगा रहे हो? तो उस व्यक्ति ने कहा साहब मन में यह सोच कर कि रोटी पर चटनी है और उसको लगा लगा कर खा रहा हूँ। तब उन सज्जन ने कहा जब मन में सोचना ही है तो यह सोचकर कि पनीर को लगा लगा कर खा रहा हूँ, वह आदमी बोला साहब गरीब हूँ पनीर की नहीं सोच सकता।

आज यह स्थिति अधिकतर लोगों की है वह बड़ा नहीं सोचते जब तक बड़ा नहीं सोचेंगे तो बड़ा परिणाम नहीं आएगा इसलिए आज से ही कुछ बड़ा सकारात्मक सोचें क्योंकि जो सोचते हैं, महसूस करते हैं वह हकीकत हो जाता है और बड़ा सोचने के पैसे भी नहीं लगते हैं।

इंसान अपनी सोच, संगत एवं आदतें बदलकर बहुत कुछ कर सकता है आज से हम अपनी सोच को बदलकर अपनी तकदीर को बदलने के लिए शुरूआत करते हैं क्योंकि सोच बदलते ही सब कुछ बदल जाता है सोच बदलना हमारे नियन्त्रण में है। एक सोच बदल सकती है हम सबकी तकदीर, तो शुरुआत करते हैं एक बेहतरीन सफर की...

यह पुस्तक बड़े प्यार से अपने भाई
अनिल खोईवाल को समर्पित करता हूँ।

आभार

इस पुस्तक को लिखने में कई लोगों का मार्गदर्शन शामिल है। सर्वप्रथम मैं अपने ईश्वर को धन्यवाद देता हूँ। मैं मेरे अपने माता-पिता श्रीमती कमला देवी व श्रीमान चांदमल खोईवाल का विशेष आभारी हूँ। अच्छी परवरिश के लिए। साथ ही मैं मेरे मार्गदर्शन के लिए मेरे समस्त शिक्षक एवं समस्त गुरुजन का भी आभारी हूँ।

मैं मेरे प्रिय परिवार, दोस्तों और शुभचिंतकों के समर्थन और निस्वार्थ प्रेम और आशीर्वाद के लिए आभारी हूँ।

मैं मेरी बहन इन्दुबाला, मधुबाला का भी आभारी हूँ। मैं मेरे भाई अनिल खोईवाल बहू गायत्री का भी आभारी हूँ मैं रिपुसूदन एवं ध्रुव का भी आभारी हूँ। आप सबने मुझे हर समय प्रेरित किया। साथ ही अतीत का बेहतर सीख के लिए आभार।

उन महापुरुषों, उपदेशकों जिनकी शिक्षा एवं लेखनी ने मुझे प्रेरित किया, उनका भी आभार। आत्मीय कृतज्ञता के साथ मैं हर उस व्यक्ति का धन्यवाद देना चाहता हूँ जिन्होंने मुझे प्रेरित किया या जिनसे मैंने कुछ सीखा।

मैं इस पुस्तक के सभी पाठकों को हृदय से धन्यवाद देता हूँ एवं आपके उज्ज्वल भविष्य की कामना करता हूँ।

प्रेस, प्रकाशक डायमंड बुक्स, सेल्स टीम, प्रचार कर्मचारी और ऑफिस के हर कर्मचारी का आभार।

आप सबको हृदय की गहराइयों से आभार।

ईश्वर आपको वरदान देता रहे।

-सुनील कुमार खोईवाल

विषय सूची

1.

बदलें अपनी सोच

यदि आप अपना जीवन बदलना चाहते हैं तो आपको जरूरत है बस अपनी सोच को बदल डालने की।- रेबेका फ़ाइन

हमारे विचार ही हर चीज का मूल कारण होते हैं और बाकी चीजें उन विचारों का परिणाम होती हैं। अगर हमारे विचार आदर्श होंगे तो हमारा जीवन भी आदर्श होगा। आपकी वर्तमान जिंदगी आपके विचारों का ही परिणाम है जो आप सोच रहे हैं अगर आप अपने विचारों और भावनाओं को बदल देते हैं तो आपकी जिंदगी 360 डिग्री बदल जाती है। इसलिए विचारों की शक्ति को समझें, अच्छे विचार मन में लाएं, अच्छा परिणाम पाएं। विचार करने के पैसे तो नहीं लगते पर विचार की कीमत जरूर चुकानी पड़ती है आपकी स्थिति परिस्थिति को बदलने का आसान तरीका है अपनी सोच को बदलें। हम अपनी सोच को बदल कर अपना जीवन बदल सकते हैं। जो हम सोचते हैं वही बन जाते हैं- बुद्ध।

कुछ भी अच्छा या बुरा नहीं होता हमारी सोच उसे वैसा बना देती है।- विलियम शेक्सपियर

अपने बारे में आप जो सोचते हैं बोलते हैं उसका आपके व्यवहार पर बहुत असर होता है। खुद के बारे में वह सोचें जो आप भविष्य में बनना चाहते हैं। याद रखें बाहरी जिंदगी के सभी सुधार भीतरी सुधार एवं आपके मानसिक चित्रों से शुरू होते हैं।

जैसा सोचोगे वैसे बनोगे, जैसा सोचोगे वैसा आपके साथ होगा, जैसा सोचोगे वैसा आपका विश्वास बनेगा, जैसा सोचोगे वैसे आप बन जाओगे। आप वही बन जाते हैं जिसके बारे में आप अधिकतर वक्त सोचते रहते हैं। आपकी बाहरी दुनिया आपके भीतर की दुनिया का प्रतिबिंब होती है। आपकी सोचं आपकी जिंदगी में होने वाली बातों पर नियन्त्रण रखती है यह आपके दिल की धड़कन को कम ज्यादा कर

सकती है यह आपको खुश या दुःखी कर सकती है। उदाहरण एक पल में आपके मित्र का फोन आता है और वह कहता है आपको नौकरी से निकाल दिया गया है सिर्फ एक पल में आपकी धड़कन बढ़ जाती हैं।

अगर आप सफलता, आत्मविश्वास और तरक्की के बारे में सोचते हैं तो आप खुद को ज्यादा ऊर्जावान महसूस करते हैं और आपका प्रदर्शन बेहतर होता है इसके विपरीत आप नाकामयाबी डर नुकसान के बारे में सोचेंगे तो चाहे आप कितने ही बुद्धिमान क्यों न हों आपका प्रदर्शन खराब होने लगेगा आपकी सोच ही आपको विनर या लूजर बनाती हैं। एक अच्छी बात यह है कि आपकी सोच आपके नियंत्रण में है अगर आप अपने जीवन के किसी पहलू के बारे में सोचने का नजरिया बदल देते हैं तो आपके उससे जुड़े एहसास और व्यवहार में भी बदलाव आ जाता है।

कुछ नहीं बदलेगा जब तक सोच नहीं बदलोगे जीवन की हर समस्या सोच से ही उपजी है और समाधान भी सोच से ही मिलेगा। इसलिए सोच बदलो जीवन बदलेगा। जैसा हम सोचते-विचारते हैं वैसी हमारी भावना बन जाती है फिर हम वैसे ही कार्य करने लगते हैं और जैसे कार्य हम करते हैं वैसे ही परिणाम हमें मिलते हैं।

इबुसेन ने एक प्रयोग किया जिसमें उन्होंने दो बकरे लिए जो एक जैसे थे, उम्र में, दिखने में, दोनों को अलग-अलग पिंजरे में डाल दिया और पास वाले पिंजरे में एक भेड़िया डाल दिया। बकरो के पिंजरे उन्होंने ऐसे व्यवस्थित किए कि सिर्फ एक बकरे को भेड़िया दिखाई देता था दूसरे को दिखाई नहीं देता था। जिस बकरे को भेड़िया दिख रहा था वह रात-दिन तनाव, डर एवं चिंता में रहने लगा और कुछ दिन में उसकी मृत्यु हो गई फिर उसका पोस्टमार्टम किया गया तो पता चला वह डर एवं तनाव से मर गया जबकि दूसरे वाले बकरे को भेड़िया दिखाई नहीं दे रहा था सिर्फ आवाज सुनाई देती, भेड़िये के पिंजरे से दोनों की दूरी बराबर थी। उस बकरे के मन में विचार आते थे कि यह भेड़िया मुझे खा जाएगा और वह मर गया जबकी वह पिंजरे में सुरक्षित था मृत्यु का मुख्य कारण सोच थी।

"नजर को बदलो तो नजारे बदल जाते हैं
सोच को बदलो तो सितारे बदल जाते हैं
कश्तियों को बदलने की जरूरत नहीं
दिशाओं को बदलो किनारे खुद बदल जायेंगे।"

जहां सोच बदल जाती है वहां इंसान बदल जाते हैं तकदीर बदल जाती है व्यवहार बदल जाते हैं परिणाम बदल जाते हैं संसार बदल जाता है। स्वर्ग और नर्क

दोनों यही हैं बस हमारी सोच का कमाल है। जब सोच अच्छी होगी तो स्वर्ग बन जाएगा और सोच बुरी होगी तो नर्क बन जाएगा।

एक छोटे राज्य को बड़े राज्य की तरफ से युद्ध की ललकार आई थी, छोटे राज्य का राजा घबरा गया। उसके पास इतना सैन्य बल नहीं था कि वह बड़े राज्य से जीत सके। जब राजा ने अपने सेनापति से कहा कि अब हम क्या करेंगे सेनापति ने साफ मना कर दिया कि कोई अर्थ नहीं है इस युद्ध को लड़ने का। हम बड़े राज्य से जीत नहीं सकते। राजा निराश एवं दुःखी हुआ वह उस गांव के एक संत के पास गया और अपना दुःख बताया। संत ने कहा उस सेनापति को अभी जेल में डाल दो जिसने मन में हार मान ली है, वह कभी सेना को नहीं जीता पाएगा। राजा ने कहा पर मेरी सेना का नेतृत्व कौन करेगा। संत ने कहा मैं करूंगा। संत को सेनापति बना दिया। जब सेना युद्ध के लिए कूच कर रही थी तो रास्ते में पहाड़ी पर एक मंदिर था। संत ने कहा 2 मिनट रुकते हैं यहां पर मैं मंदिर जाकर ईश्वर से पूछ कर आता हूँ हम इस युद्ध में जीतेंगे या नहीं? वह पहाड़ी पर गए, थोड़ी देर बाद नीचे आये और बताया कि ईश्वर ने कहा रात को इस मंदिर से प्रकाश निकले तो समझ जाना तुम युद्ध में जीतोगे। रात को मंदिर से रोशनी निकलने लगी मानो सेना ने वही युद्ध का जयघोष कर दिया। सभी बहुत खुश हुए। पूरी ऊर्जा के साथ युद्ध के लिए रवाना हुए एवं युद्ध में विजय हुए। विजय प्राप्त कर लौट रहे थे, रास्ते में वही मंदिर आया सेना ने संत से कहा जाइए ईश्वर को धन्यवाद दीजिए जिन्होंने हमारी जीत पहले ही सुनिश्चित कर दी थी तो संत ने कहा कोई जरूरत नहीं है, वह दीया मैं ही जला कर आया था जिसकी रोशनी आपको दिन में तो नजर नहीं आयी, रात होने पर नजर आने लगी। उस रोशनी से आपने अपने अंदर स्पष्ट कर लिया कि इस युद्ध को आप जीतने वाले हो इसलिए जीत गये। मन के हारे हार मन के जीते जीत।

आपका बाहरी व्यवहार ठीक वैसा ही होता है जैसा आप भीतर से महसूस करते हैं। यही वजह है कि आपके जीवन में तमाम सुधार आपकी खुद के बारे में सोच में सुधार के साथ होते हैं।

आपके जीवन के बारे में आपकी सोच आपके साथ होने वाले हर पहलू का निर्धारण करती है। आपकी सोच पर आपका पूरा नियंत्रण होना चाहिए। उन्हीं बातों पर अपने शब्दों एवं विचारों को केंद्रित करना चाहिए जो आप चाहते हो, इसके साथ आपको उन बातों के बारे में नहीं सोचना चाहिए जो आप नहीं चाहते हो, क्योंकि

हम जैसा सोचते हैं वैसे विचार ज्यादा आने लगते हैं। आपकी सोच ही आपकी खुशी, स्वास्थ एवं व्यवहार को प्रभावित करती है। यही समस्या है कि ज्यादातर लोग इस बारे में सोच रहे हैं कि वह क्या नहीं चाहते हैं और फिर इस बात पर हैरान हो रहे हैं कि उनके साथ बार-बार बुरी चीजें क्यों होती हैं?

विद्यार्थी को अक्सर कहते सुनेंगे मार्कस कम न आ जाएँ, कहीं मैं फेल न हो जाऊं, कहीं हार न जाऊं, अगर जॉब नहीं मिली तो क्योंकि हमारा ध्यान ज्यादातर समय उन चीजों पर होता है जो हमें नहीं चाहिए या जिससे हमें डर लगता है। कोशिश करिए जब भी बात करें अपने कैरियर को लेकर, मार्कस को लेकर, प्लान को लेकर, रिजल्ट को लेकर जो आपको चाहिए जैसा कि मेरे अच्छे मार्क्स आए, मैं पास हो जाऊँ, मेरी जॉब लग जाए, मेरा प्लान सफल हो जाए। इससे हमारा कॉन्फिडेंस कई गुना बढ़ जाता है। यह बात रिश्ते, व्यवसाय एवं स्वास्थ्य पर भी लागू होती है अगर हम रिश्ते, व्यवसाय, स्वास्थ्य के बारे में खुद से नकारात्मक बात करेंगे तो हमें नकारात्मक रिजल्ट मिलेगा अगर इनको लेकर सकारात्मक बात करेंगे तो सकारात्मक रिजल्ट मिलेगा। क्योंकि हम जो सोचते और बोलते हैं वैसा हमारे साथ होने लग जाता है।

हम कोई चीज तब तक नहीं बना सकते, जब तक कि पहले उसके बारे में सोच न लें।

कुछ लोग अपनी जिंदगी में बहुत कुछ करना चाहते हैं लेकिन उस मंजिल तक पहुँचने में बहुत सी रुकावटें आएँगी यह सोचकर पहले ही रुक जाते हैं। इंसान मंजिल बदल देता है रुकावटों को देखकर और मंजिल इंसान ही बदल देती है उसके इरादों को देखकर जीतने और हारने वाले में बस फर्क इतना है हारने वाला मुश्किलों को देखता है और जीतने वाला मंजिल को। क्या कभी सुना है सोना बिना तपे चमका हो और हीरा कोयले की जगह फूलों से निकला हो। मुश्किलें आएँगी पर इंसान का हौसला मुश्किलों से बड़ा होना चाहिए। मुश्किलों को अपने कर्म एवं आत्मविश्वास से हटायें। जीवन में कुछ भी न हो फिर भी आदमी को अपना कॉन्फिडेंस नहीं खोना चाहिए क्योंकि डूबती हुई नाव भी सही कर दोगे आत्मविश्वास से क्योंकि दुनिया कॉन्फिडेंस से चलती है।

आपको रोकने के लिए हजारों लोग आएंगे पर रूकने का विचार मन में एक बार भी नहीं आना चाहिए।- अज्ञात

अगर कोई अपना मन काबू कर सकता है तो वह इस ब्रह्माण्ड में लगभग हर चीज पर काबू पा सकता है। संकल्प का अर्थ है कि किसी एक विचार को अधिक शक्तिशाली बनाना। संकल्प शक्ति द्वारा जीवन में कुछ भी प्राप्त किया जा सकता है।

अगर आप किसी के बारे में बुरा सोचते हैं तो आपके जीवन में बुरे विचार ज्यादा आएंगे। किसी के प्रति बुरे विचार रखकर आप खुद को ही नुकसान पहुँचा रहे हैं, उस आदमी को कोई फर्क नहीं पड़ेगा क्योंकि विचार आपके हैं प्रभावित भी आपको ही करेंगे। आप अंदाजा लगाएं अगर आप किसी के प्रति प्रेम के विचार रखते हैं तो उसका लाभ किसको होगा।

तीन दोस्तों ने कॉलेज से मूवी देखने जाने की सोची पर एक टीचर जो बहुत स्ट्रिक्ट थे अगर उनकी कोई क्लास मिस करता तो वे उसके घर पर लेटर भेज देते थे और पेरेंट्स को बुलाते थे। अब इन तीनों दोस्तों ने एक प्लान बनाया। सुबह कॉलेज खुलते ही राम गेट पर उनको नमस्कार करके कहता है सर आप बहुत ऊर्जा एवं जोश में रहते हैं पर आज आपके चेहरे पर परेशानी, थकावट दिख रही है आप ठीक तो हैं न एवं स्वास्थ्य कैसा है? अरे! मैं एकदम अच्छा हूँ। थोड़ी देर बाद वे एक क्लास लेते हैं जैसे ही क्लास से बाहर निकलते हैं श्याम मिल जाता है गुरुदेव कैसे हो, आपका बैग मैं पहुँचा देता हूँ क्लास में आप थके हुए लग रहे थे। घर पर सब ठीक है न और गुरु जी कहते हैं, हां! सब ठीक है पर जो उत्साह पहले था वह कम हो गया। फिर एक क्लास और ली उस क्लास से जैसे ही बाहर निकले मोहन मिल जाता है। गुरुदेव आपको क्या हो गया आपका चेहरा मुरझाया हुआ है, आपको बुखार है आप चाहें तो आराम कर सकते हैं, हां! मोहन आज तबीयत थोड़ी ठीक नहीं है।

वह टीचर घर से जोश एवं ऊर्जा के साथ निकले और तीन लोगों की प्रतिक्रिया ने उनकी साइकोलॉजी पर प्रहार करके उन्हें दोपहर तक बीमार कर दिया। तीनों दोस्तों ने जमकर जश्न मनाया और मूवी देखी।

आपका हर विचार एक वास्तविक वस्तुए एक शक्ति है।- प्रेंटिस मलफोर्ड

अगर हमारे घर का वास्तु ठीक नहीं है तो घर की दिशा थोड़े बदलेंगे, घर को बार-बार थोड़ी तोड़ेंगे। हम इसी घर में रहेंगे पर अब झगड़ा नहीं होगा सिर्फ एक सोच है। लेकिन जिसने यह सोचा मेरा घर गलत दिशा में है इसलिए यहां तो झगड़ा होगा ही, मेरी दुकान की दिशा गलत है ग्राहकी नहीं होगी। खुद ही दुआएँ देते रहते हैं अपने काम को एवं घर को फिर वह नहीं चलता जब नहीं चलता। तो कहते हैं दिशा ठीक नहीं है। सोच को सही रखो। हर चीज बाहर नहीं बदलनी, बाहर बदलते

बदलते थक जाएँगे आप। कुछ लोग घर बदलने के लिए तैयार हैं, दुकान बदलने के लिए तैयार हैं, नाम बदलने के लिए तैयार हैं, जीवन साथी बदलने के लिए तैयार हैं, नौकरी बदलने के लिए तैयार हैं सिर्फ अपने आपको बदलने के लिए तैयार नहीं हैं बाकि सब कुछ बदलने के लिए तैयार है। सबको बदलने की जगह एक सोच को बदलो सब बदल जाएगा।

सबसे कठिन चीज समाज का बदलाव नहीं, बल्कि खुद का बदलाव है।- नेल्सन मंडेला

मनःस्थिति को बदल कर परिस्थिति को बदला जा सकता है। खुशी एक सोच है, मानो तो मोज नहीं तो समस्या रोज।

एक व्यक्ति के दो घर थे वह पूरे परिवार के साथ एक घर में रहता था दूसरा घर खाली पड़ा था। दूसरे वाले घर में आग लग गई। उसके एक पुत्र ने उसे आकर बताया वह बहुत दुःखी हुआ, रोने लगा थोड़ी देर बाद दूसरे पुत्र ने आकर पूछा क्यों रो रहे हो, तो वह कहता है हमारा दूसरा घर आग से जल गया है। पुत्र कहता है उस घर को मैंने 2 दिन पहले ही बेच दिया था पैसे भी आ गये। अब वह खुश हो जाता है स्थिति एक ही थी।

आजकल रिश्ते थोड़े नाजुक क्यों हैं क्योंकि हम बोलते अच्छा हैं एक-दूसरे के साथ, हम मैसेज भी अच्छे करते हैं, हम बिहेवियर भी अच्छा करते हैं लेकिन हम सोच क्या रहे हैं एक दूसरे के लिए। अगर किसी को भी अपने रिश्ते की गुणवता को बदलना है चाहे कितनी भी उलझन भरा हो, चाहे कितनी भी गांठ पड़ी हो रिश्ते के अंदर अगर आपको अपने रिश्ते को अच्छा करना है तो सिर्फ अपनी सोच को बदलना शुरू कर दें रिश्ता अच्छा हो जाएगा।

आपके रिश्ते आपकी सोच से बदल सकते हैं 90 प्रतिशत रिश्ते आपकी सोच से अच्छे हो सकते हैं।

जो लोग मुझसे नफरत करते हैं अगर मैं उनके बारे में अच्छा सोचने लगूँ तो वह बदल जाएंगे क्या शत-प्रतिशत बदल जाएंगे? वह समझेंगे यह कमजोर आदमी है। कमजोर वह होता है जो अपने रिश्तों को निभा नहीं पाता और शक्तिशाली तो वह होते हैं जो वर्षों की गाठ पड़े हुए रिश्ते को भी ठीक कर दे। कमजोर किसे कहेंगे जो झुक नहीं सकता, जो एडजस्ट नहीं कर सकता, जो सहन नहीं कर सकता वह कमजोर है। शक्तिशाली तो कितनी ही बार झुक सकता है आप रिश्तों में कितना

झुकने के लिए तैयार हैं कितना एडजेस्ट करने के लिए तैयार हैं, अगर इगो ज्यादा होगा तो झुकेंगे ही नहीं। मैं क्यों उससे बात करूं? रिश्ते हमारे मन की स्थिति पर निर्भर करते है- बी.के. शिवानी।

हालातों को न बदलें सोच को बदलें, हालात अपने आप बदल जाएंगे। जिस दिन हम ये समझ जाएंगे कि सामने वाला गलत नहीं है सिर्फ उसकी सोच हमसे अलग है उस दिन जीवन में सब दुःख समाप्त हो जाएंगे।

आपकी सोच बदलेगी तब सब कुछ बदलेगा। एक सोच बदल सकती है खुद की तकदीर, एक सोच ही होती है हमारी प्रगति का आधार, इस सोच से ही होता है हर सपना साकार, इस सोच में छुपा हुआ है हर समस्या का समाधान, इस सोच को दें संकल्पों से उम्मीदों की धार और अच्छी सोच से ही मिलती है जीवन को रफ्तार इसलिए अच्छा सोचें।

एक सोच से हम तकदीर बदल सकते हैं, जीवन की तस्वीर बदल सकते हैं, इस सोच से हम अपने हाथों की लकीर बदल सकते हैं, जब भी सोचो अच्छा सोचो चाहे खुश हो या दुःखी। क्योंकि सोच की ताकत बहुत बड़ी होती है फर्श पर होकर अर्श की सोचो।

आपमें अपने विचारों के माध्यम से अपनी मनचाही जिंदगी पाने की क्षमता है।- रॉन्डा बर्न

अगर आप फलों को बदलना चाहते हैं तो पहले आपको जड़ों को बदलना होगा अर्थात अपनी बाहरी दुनिया को बदलने के लिए पहले अंदरूनी दुनिया को बदलना होगा। यह सब आपकी सोच बदलने से होगा हम भी अपनी सोच बदलकर अपने परिणामों को बदलने की दिशा में पहला कदम उठा सकते हैं।

कोई भी विचार आपके दिमाग में बिना किराए के नहीं रह सकता।- रॉबर्ट एलन

याद रखें दुनिया में एक ही वस्तु है जो आपके बस में है और वह है आपकी सोच और आपके सिवा कोई भी आपकी सोच को बदल नहीं सकता। आपके सिवा कोई यह भी निर्णय नहीं ले सकता कि आपकी सोच कैसी होनी चाहिए।

हर मनुष्य में कुछ करने की चिंगारी होती है और उस चिंगारी को आग मनुष्य की सोच बनाती है।

❖❖

2.

अवचेतन मन की शक्ति

जैसा आप अपने अवचेतन मन में सोचते हैं वैसा ही आप अपने जीवन में पाते हैं।

हमारे मन का एक आसान सा नियम है यदि आप किसी विचार को अपने माइंड में बार-बार लाते हैं तो आप धीरे-धीरे वैसे बनने लगते हैं। चाहे वह विचार अच्छा हो या बुरा। हमारे दिमाग को यह नहीं पता कि कौन-सा विचार अच्छा है और कौन-सा बुरा। यह तो रिपीटेशन के आधार पर काम करता है। आप इसमें जिस प्रकार के विचार को दोहराते हैं वैसे आप बनने लगते हैं। यह आपके ऊपर निर्भर करता है। यदि आप खुद से कहते हैं मैं अपनी जिंदगी में सफल नहीं हो सकता, मैं इस काम को नहीं कर सकता तो आप एक तरह से अपने मन को ऑर्डर दे रहे हैं। क्योंकि ये आपके ऑर्डर का पालन करता है, इसका काम है बस उसको लाइफ में लाना इसलिए आप वही मन में लाएं या बोलें जो आप करना चाहते हैं। कभी भी आप अपने मन को नकारात्मक कमान नहीं दें।

माइंड कंडीशनिंग अल्बर्ट पावलो प्रयोग- उन्होंने कुत्तों पर एक प्रयोग किया कुत्तों को निश्चित समय पर खाना दिया जाता था। खाना देखते ही लार बनने लगती थी। फिर उन्होंने प्रयोग में बदलाव किया। खाना देने से पहले घंटी बजाना शुरू किया पहले दिन घंटी बजाई। फिर खाना दिया। दूसरे दिन घंटी बजी फिर खाना दिया गया, तीसरे दिन घंटी बजी फिर खाना दिया, ऐसा चलता रहा, कुछ दिन बाद घंटी बजते ही कुत्ते समझ जाते थे अब खाना आने वाला है और लार बनने लगी जो पहले खाना देखने के बाद बनती थी फिर उन्होंने इस प्रयोग में थोड़ा बदलाव किया। अब पहले दिन घंटी बजाई पर खाना नहीं दिया, दूसरे दिन घंटी बजाई पर खाना नहीं दिया तीसरे दिन भी ऐसा ही किया। कुछ दिन बाद घंटी बजने पर लार नहीं बनती थी यह माइंड प्रोग्रामिंग है। इसी तरह हम भी हमारे दिमाग को प्रोग्राम कर सकते हैं।

हम शरीर की शक्ति के लिए बहुत कुछ करते हैं शरीर की शक्ति से आदमी सीमित ही कर सकता है लेकिन मन की शक्ति से असीमित कर सकता है। बॉडी पावर से कुश्ती लड़ सकता है, वजन उठा सकता है। हम बॉडी पावर के लिए खाना खाते, व्यायाम करते हैं। मगर मांइड पावर के लिए क्या करते हैं मांइड पावर के लिए बुक, सेमिनार, कोर्स एवं अच्छे वीडियो देखने चाहिए।

मन दो प्रकार के होते हैं।

1. **चेतन मन**- पूरे दिमाग का केवल 5-10 प्रतिशत होता है। यह एक सक्रिय अवस्था होती है इसके जरिये हम अपनी सोच-विचार और तर्क से कोई भी निर्णय आसानी से ले पाते हैं और कार्य कर पाते हैं। यह इच्छा शक्ति, याददाश्त, तर्क शक्ति, गंभीर सोच आदि को नियंत्रित करता है जिस समय हम किसी नए कार्य को करने जाते हैं या सीखते हैं उस समय हम बहुत सचेत होते हैं उदाहरण हम ड्राइविंग सीखते समय पूरा ध्यान कार पर लगाते हैं।
2. **अवचेतन मन**- यह पूरे दिमाग का 90-95 प्रतिशत होता है। यह आदतों, मान्यताओं, भावनाओं, प्रतिक्रियाओं, अंतर्ज्ञान आदि को नियंत्रित करता है। जब हम किसी कार्य को पहले कर चुके होते हैं और फिर विशेषज्ञ की तरह दुबारा करते हैं, उस दौरान हमारा ध्यान न केवल उस कार्य पर होता है बल्कि अन्य कार्यों पर भी होता है। वह कार्य अवचेतन मन से करते हैं। उदाहरण जब हम ड्राइविंग पहले से जानते या सीख चुके होते हैं तब हम ड्राइविंग के दौरान गाने सुनते हैं या फोन पर बात करते हैं यह काम अवचेतन मन से होता है।

चेतन मन	अवचेतन मन
चेतन मन बाहरी दुनिया से जानकारी प्राप्त करता है।	अवचेतन मन चेतन मन से जानकारी प्राप्त करता है।
चेतन मन आपकी तार्किक और बौद्धिक प्रतिक्रियाओं को नियंत्रित करता है।	अवचेतन मन मुख्य रूप से आपके भौतिक शरीर के कार्यों को नियंत्रित करता है।
चेतन मन निर्णय लेता है योजना बनाता है भाषा के द्वारा लोगों से बात करता है और आपके कौशल को नियंत्रित करता है।	अवचेतन मन आपकी स्वास, पाचन कार्य, स्मृति, भावनाओं, विश्वास और दृष्टिकोण आदि को नियंत्रित करता है।
चेतन मन दुनिया को चलाता है।	अवचेतन मन आपको चलाता है।

यह आपके शरीर के आंतरिक और बाहरी दोनों कार्यों से अवगत है।	यह केवल आपके शरीर के आंतरिक कार्यों से अवगत है।
चेतन मन आपकी कुल दिमागी शक्ति का केवल 10 प्रतिशत है।	अवचेतन मन आपकी कुल दिमागी शक्ति का 90 प्रतिशत है।
यह आपको प्राप्त होने वाली जानकारी का विश्लेषण कर सकता है।	यह आपको प्राप्त होने वाली जानकारी का विश्लेषण नहीं कर सकता।
चेतन मन की स्मृति अल्पकालिक होती है।	अवचेतन मन की स्मृति दीर्घकालिक होती है।
इसका आध्यात्मिक संबंध पर नियंत्रण नहीं है।	इसका आध्यात्मिक संबंध पर नियंत्रण है।

अवचेतन मन के नियम

अवचेतन मन में बहुत ताकत होती है। लक्ष्य चाहे कितना भी बड़ा हो अगर इसने स्वीकार कर लिया तो उस लक्ष्य को प्राप्त किये बिना दम नहीं लेता चाहे उसके लिए कुछ भी करना पड़े। दुनिया में जितने भी सफल लोग हुए उन्होंने जाने-अनजाने में इन नियमों को काम में लिया।

1. **यह वास्तविकता एवं कल्पना में अन्तर नहीं कर पाता**- कभी-कभी आपको रात में डरावना सपना आता है और आप उठ जाते हैं, अवचेतन मन उसे वास्तविक समझ लेता है।

   एक दिन सुबह मैं कार लेकर जयपुर जा रहा था गाने सुनते हुए सत्तर की स्पीड में कार चला रहा था। मेरी कार को एक बाइक ने ओवरटेक किया बाइक पर एक व्यक्ति उसकी पत्नी और उसका छोटा लड़का था। आगे एक स्पीड ब्रेकर आ गया उस व्यक्ति से बाइक कंट्रोल नहीं हुई तीनों सड़क पर गिर पड़े और पीछे से एक ट्रक आ रहा था बहुत ही स्पीड से तीनों को एक साथ कुचल दिया सड़क पर खून ही खून हो गया। यह घटना झूठी है पर आपके दिमाग को मैं गाड़ी चलाता दिख गया, वह बाइक ओवरटेक करते हुए दिख गई स्पीड ब्रेकर भी दिख गया आपको तीनों पर ट्रक चलता हुआ भी दिख गया खून भी दिख गया। क्या यह सब इमेंजिनेशन था? आपके मांइड ने यह हकीकत हो ऐसा रिएक्ट किया।

   इंसान की सबसे बड़ी पावर इमेंजिनेशन की है। अगर आप इमेंजिन कर सकते हैं तो प्राप्त भी कर सकते हैं।
2. **भाषा नहीं समझता चित्र को समझता है**- जो मैं कह रहा हूँ वह बिलकुल मत सोचना एक काले कलर का हाथी नहीं है उस पर लाल बंदर नहीं बैठा

है। वह बेडरूम में नहीं है। आपने क्या इमेंजिन किया काला हाथी, लाल बंदर, बेडरूम आदि। जब आप हाथी के बारे में सोचते हैं तो आपके मन में हाथी की लैंग्वेज नहीं हाथी की इमेंज आती है।

3. यह भूतकाल, वर्तमान, भविष्य का अंतर नहीं समझता।
4. यह हमेशा सक्रिय रहता है कभी नहीं सोता।
5. यह डिफाल्ट रूप से आलसी है इसे रिपीटेशन द्वारा ट्रेन्ड किया जा सकता है। बार-बार एक ही काम करने से दिमाग उसे अवचेतन मन में स्टोर कर लेता है।
6. **यह कमांड डायरेक्ट लेता है**- चाहे आप कितने ही बुद्धिमान हैं अगर आपको पांच लोगों ने बोल दिया कि यह तुमसे नहीं हो सकता तो आपका माइंड इसे मान लेगा।
7. **यह जिद्दी बच्चे की तरह है**- क्या आपने किसी ऐसे शराबी को देखा जो रात को बिना पिए रहा हो। चाहे उसके पास पैसे हो या नहीं लेकिन वह पिया हुआ मिलेगा क्योंकि उसके अवचेतन मन को इसकी आदत लग गई है।
8. **आप हमेशा इसे प्रोग्राम या रिप्रोग्राम कर सकते हैं**- यह बहुत शक्तिशाली है यह आपको वह सब दिला सकता है जो आप चाहते हैं इसकी प्रोग्रामिंग करके।

अपने अवचेतन को प्रोग्राम करें

अपने अवचेतन मन की प्रोग्रामिंग को बदलने के लिए आपको अपने मन में अच्छा सोचना होगा। यदि आपने पहले से यह सोच रखा है कि मैं सफल नहीं हो सकता हूँ या मैं इसको नहीं कर सकता तो इसे बदलकर सकारात्मक सोचें जैसे मैं सफल हो सकता हूँ मैं अपने लक्ष्य को पाने के लिए खूब मेहनत करूंगा। मैं जैसा भी हूँ अच्छा हूँ इत्यादि यदि आप ऐसा दिन में कई बार करते हैं तो यह चीजें आपके मन में प्रोग्राम होना शुरू हो जाती हैं और आप कुछ ही दिन में इसके प्रभाव को महसूस करना शुरू कर देंगे। इसको सुबह और शाम 5 मिनट के लिए जरूर करें। इसको हम अफरमेंशन कहते हैं हम अपने सबकॉन्शियस माइंड को इन्हीं तरीकों से बदल सकते हैं। आपको अपने मन में उन चीजों को रिपीट करना है जैसा आप बनना चाहते हैं।

मैं जैसा भी हूँ अच्छा हूँ।
मैं इसको अच्छी तरह कर सकता हूँ।
मेरा मन मेरे कंट्रोल में है।
मैं अपने आपको इम्प्रूव कर रहा हूँ।

यदि आप ऐसा दिन में 5 मिनट के लिए करते हैं तो आप अपने अंदर कुछ ही दिनों में बदलाव देखना शुरू कर देंगे। आप इसको अपने डेली रूटीन में शामिल कर लें जैसे आप रोज सुबह व्यायाम करते हैं वैसे ही हमेशा 5 मिनट अपने आप से पॉजिटिव टॉक करें।

अगर आप अपने विचार को लिख देते हैं तो पूरी कायनात कहती है अब इसे होना ही होगा क्योंकि हमारे दिमाग का काम नये विचार उत्पन्न करना है उन्हें स्टोर करना नहीं।

अवचेतन मन में जो इमेज बनती है वही ब्रह्माण्ड हमें देता है आप जो सोचते हो चाहते हो वह आपको देर सवेर मिलता है हम ऑर्डर दे रहे हैं ब्रह्माण्ड कहता है तथास्तु।

रात को सोने से 5 मिनट पहले और सुबह उठने के जस्ट बाद 5 मिनट तक विजुलाइज करना चाहिए। उस समय अवचेतन मन सक्रिय होता है तब आप जो चाहोगे वह मिलेगा। इसके अंदर कोई बात एक बार चली गई तो यह गाइडेड मिसाइल की तरह कार्य करता है। जहां-जहां हम हमारे अवचेतन मन को इनडायरेक्टली ट्रेन्ड कर सकते हैं वहां-वहां करना चाहिए।

अगर आप सोच रहे हैं कि 10 करोड़ कमाना है तो दिमाग की औकात 10 करोड़ पहले होनी चाहिए पैसा बाद में अकाउंट में आएगा। अगर आपको सीएम बनना है तो आप दिमाग में पहले ही बन जाते हो एक्चुअल में बाद में बनते हो क्योंकि आपको सिर्फ अपने आपको कनवैन्स करना होता है आपका थॉट प्रोसेस, आपका लाइफ स्टाइल वैसा हो जाना चाहिए जैसा आपको बनना है। वैसा आज से दिखना, सोचना, समझना, खाना-पीना शुरू करो आपकी तरक्की कोई नहीं रोक सकता है। पाने से पहले मन में उसके लायक बनना।

आज की कल्पना, कल की अनुभूति है।- स्वामी तुरीयानन्द

हम ईश्वर की सर्वश्रेष्ठ रचना हैं हम अपने अवचेतन मन की सही प्रोग्रामिंग करके कई समस्याओं को सुलझा सकते हैं। बड़ी सरलता से नया हूँनर सीख सकते हैं, हमारी कार्य क्षमता बढ़ा सकते हैं, जीवन में जो चाहिए उसे आकर्षित कर सकते हैं। हमें अवचेतन मन को विचारों के द्वारा मिल रही सूचनाओं के प्रति जागरूक रखना चाहिए। क्योंकि अवचेतन मन मिट्टी की तरह होता है। आप इसमें जो भी बीज डालोगे यह उसे स्वीकार कर लेगा। चाहे बीज कैसा भी हो।

हेलन केलर ने अपनी नेत्रहीनता और बधिरता से उभरकर लोगों को प्रेरणा दी। आप तो एक स्वस्थ इंसान हैं आप भी अपनी अतःचेतना के द्वारा दुनिया को रोशन कर सकते हैं।

आपके जीवन के सभी सुधारों की शुरुआत आपके दिमाग की छवियों में सुधार के साथ होती हैं। आपकी आंन्तरिक छवियां ही आपकी भावनाओं, आपकी सोच तथा आपके व्यवहार को निर्धारित करती हैं।

आपके शब्दकोष में सबसे दमदार शब्द वह होते हैं जो आप खुद से कहते हैं जिनमें आपका विश्वास होता है आपकी खुद से बातचीत ही आपकी 95 प्रतिशत भावनाओं का निर्धारण करती है। जब आप खुद से बातचीत करते हैं तो आपका अवचेतन मन इसे दर्ज करता है फिर इसी के आधार पर आपका बाहरी व्यवहार, छवी, शारीरिक हावभाव तय होते हैं। इसलिए आप खुद से वही बातचीत करें जैसे आप बनना चाहते हैं। सकारात्मक बात करें, ऐसी कोई बात मत करिए जो आप नहीं चाहते हैं। आप जिस किसी भी बात को दोहराते हैं या जिसके बारे में बार-बार बात करते हैं वह आपके दिमाग में घर कर जाती है इसलिए कभी भी नकारात्मक बातों को बार-बार नहीं करें।

अगर आप अपने दिमाग में सफलता का चित्रण करेंगे तो आप अपना लक्ष्य हासिल कर लेंगे।- लेखक

हमारा दिमाग बहुत पावरफुल होता है। हमारे जीवन में जो भी होता है उसकी वजह हमारा दिमाग है आप अपने भौतिक जगत में जो भी बन सकते हैं इसकी शुरुआत आपके विचार से होती हैं अगर आपको बाहर कोई बदलाव लाना है तो पहले आपको अपने भीतर बदलाव लाना पड़ेगा आपकी जो भी धारणा होती है वह प्रबल भावना आपके लिए हकीकत बन जाती है।

एक मजबूत मन एक कमजोर शरीर को चला सकता है लेकिन एक कमजोर मन एक मजबूत शरीर को नहीं चला सकता। आत्मबल शारीरिक बल से अधिक महत्त्वपूर्ण है।

कुछ कर गुजरने के लिए मौसम नहीं मन चाहिए, साधन सभी जुट जाएंगे संकल्प का धन चाहिए।

मनोवैज्ञानिक सच अगर आपके मन में किसी बीमारी का थोड़ा सा भी डर है तो आपका दिमाग आपके शरीर में उस बीमारी के लक्षण उत्पन्न कर देगा क्योंकि हमारा दिमाग इतना शक्तिशाली है कि वह किसी बीमारी का इलाज भी कर सकता

है और बीमारी पैदा भी कर सकता है। 90 प्रतिशत बीमारी केवल मानसिक होती है जो किसी वहम की वजह से होती है। बेवजह खुद को बीमार न माने आप स्वस्थ हैं।

हमारा मस्तिष्क जो खबर बार-बार देखता और सुनता है उसे सच मानने लगता है। जैसे भूत को हममें से किसी ने भी नहीं देखा लेकिन हम उसके अस्तित्व को सच मानते हैं। अंधेरे में या जंगलों में जाने से हमें भूतों का डर रोकता है जबकि हमने उन्हें कभी नहीं देखा बस उनके बारे में सुना है कहानियों में किस्सों में, फिल्मों में लेकिन हमारे मस्तिष्क ने उन्हें सच मान लिया क्योंकि हमने उनके बारे में बार-बार सुना है इसी तरह आप किसी लक्ष्य के बारे में बार-बार बात करके, सुनकर उसे पाने के लिए प्रयास करके प्राप्त कर सकते हैं।

कोई भी चीजें दो बार बनती हैं प्रथम बार मानसिक अर्थात सोच में और दूसरी बार वास्तविक अर्थात भौतिक रूप से। भौतिक रूप से किसी चीज को पाने के लिए उसके बारे में सोचना जरूरी है।

आप जो कमान खुद को देते हैं वह एक प्रकार की गवाही है अवचेतन मन के लिए अगर आप बार-बार खुद से कहते हैं मैं गरीब हूँ गरीबी का रोना रोते रहते हैं, यह बात अवचेतन मन स्टोर कर लेता है। फिर कभी आप कहोगे मैं अमीर बनना चाहता हूँ तो आपका मन इस पर विश्वास नहीं करेगा इसलिए खुद को अच्छी कमान दें। विचारों को बार-बार दोहराकर, विश्वास और उम्मीद के द्वारा अपने अवचेतन मन में पहुँचा सकते हैं। याद रखें अच्छे स्वास्थ्य का अहसास स्वस्थ करता है, धन का अहसास धन बढ़ाता है। अब आप कैसा अहसास करते हैं यह आपके हाथ में है।

राल्फ इमरसन ने कहा, एक व्यक्ति वैसा होता है जैसा वह अपने बारे में पूरे दिन सोचता है।

रात को ही अगले दिन की कार्य सूची बना लेनी चाहिए। एक रात पहले सूची बनाने से नींद में भी आपका अवचेतन मन इस सूची पर रात भर काम करता रहेगा।

❖❖

3.

आकर्षण का नियम एवं हमारी सोच

"अगर किसी चीज को पूरी शिद्दत से चाहोगे तो पूरी कायनात उसे आपसे मिलाने में जुट जाएगी।"

आकर्षण का नियम आपके विचारों पर प्रतिक्रिया करता है चाहे ये जैसे भी हो, आप जिस व्यक्ति या वस्तु के बारे में सबसे ज्यादा सोचते हैं उसे अपनी ओर आकर्षित करते हैं। नींद में भी आकर्षण की शक्तियां हमारे विचारों पर कार्य करती हैं इसलिए सोने से पहले अच्छा सोचें अगर आप शिकायत करते हैं तो आकर्षण का नियम प्रबलता से काम करके आपके जीवन में ऐसी और स्थितियां लाएगा जिससे आपको शिकायत होगी।

आपके विचार जिस-जिस चीज पर केंद्रित होते हैं यह नियम आपकी ओर ठीक वैसी चीजें लाता है इसलिए अच्छा सोचें, अच्छाई आपकी तरफ आकर्षित होगी इस नियम के अनुसार समान चीजें समान चीजों को आकर्षित करती हैं इसलिए जब आप जैसा सोचते हैं तो आप उसी तरह के अन्य विचारों को अपनी ओर आकर्षित करते हैं।

आप जो पाना चाहते हैं उसमें आस्था रखें और सोचें आपको वह चीज मिल चुकी है विश्वास रखें आपकी आस्था ही सबसे बड़ी शक्ति है। यह पता लगाने की कोशिश न करें कि यह कैसे होगा अगर आप ऐसा सोचते हैं तो आपकी आस्था की फ्रीक्वेंसी कम हो जाती है। बस एक बार मांगें फिर यकीन करें कि आप उसे पा चुके हैं फिर अच्छा महसूस करें और अपने काम में लग जाएं और अन्त में उसे पा लें।

अगर आप दोलत को आकर्षित करना चाहते हैं तो दौलत पर ध्यान केंद्रित करें अगर आप पैसे कि कमी पर ध्यान केंद्रित करते हैं तो आपके जीवन में ज्यादा कंगाली आएगी क्योंकि आकर्षण का नियम काम करता है। आप जिस चीज पर ध्यान केंद्रित करते हैं वह आपको मिलेगी अगर आपको रिश्तों में अच्छाई चाहिए तो आपको रिश्तों में अच्छाई देखनी होगी। अच्छाई पर ध्यान केंद्रित करना होगा तो

आपकी तरफ अच्छाई लौट कर आएगी। हम लोग हमारे रिश्तों की बुराई करते हैं पति-पत्नी एक-दूसरे की बुराई करते हैं ऐसा करके बुराई को आकर्षित कर रहे हैं।

बड़ा सोचो ब्रह्माण्ड सबकुछ देगा "जिसके लक्ष्य छोटे हैं वह मांग भी कम रहा है उसे मिलेगा भी कम" अपना पात्र बड़ा कीजिए।

आकर्षण का नियम कहता है मैं तुम्हें हर चीज देता हूँ जो तुम दिल से चाहते हो। हमें यूनिवर्स को वह कमान देनी है जो हमें चाहिए वह नहीं जो हमें नहीं चाहिए। जब-जब हम सोचते हैं, फील करते हैं, बोलते हैं तब-तब हम ऑर्डर प्लेस करते हैं।

आप एक रेस्टोरेंट गए वहां जाकर बैठते हैं और वेटर ऑर्डर लेने आता है आप पनीर टिक्का का ऑर्डर देते हैं। वेटर कहता है 20 मिनट में आ जाएगा फिर इन 20 मिनट में क्या आप सोचते हैं कि वास्तव में बना रहा होगा, कौन-सा तेल डाल रहा होगा, कौन-सा पनीर काम में ले रहा होगा। खाऊं या नहीं ऐसा कुछ भी नहीं सोचते हैं आप ऑर्डर देकर निश्चिंत हो गए फोन चला रहे हैं।

हम सब ऊर्जा हैं ब्रह्माण्ड भी ऊर्जा है। इसे न तो बनाया जा सकता है और न ही मिटाया जा सकता है इसका रूप बदला जा सकता है। यह हमेशा वाइब्रेट करती है। यह इसी तरह की ऊर्जा को अट्रेक्ट करती है।

आकर्षण के नियम को कारण एवं प्रभाव का नियम भी कहते हैं। जैसी करनी वैसी भरनी। इस ब्रह्माण्ड में आप जो देंगे वही लौटकर आएगा अगर खुशियाँ चाहिए तो खुशियाँ देना शुरू करो, अच्छे दोस्त चाहिए तो खुद अच्छे दोस्त बन जाओ, शांति चाहिए खुद शांति के स्रोत बन जाओ, प्यार चाहिए खुद प्यार देना शुरू कर दो। जैसा चाहिए वैसे बन जाओ अर्थात जो चाहिए वह ब्रह्माण्ड में देना शुरू कर दो। जैसा आप इनपुट डालना शुरू करोगे स्वतः ऑउटपुट मिलना शुरू हो जाएगा जैसा आप बोयेंगे वैसा आप काटेंगे।

लो ऑफ अट्रेक्शन तभी काम करता है जब आप शिद्दत से उस काम को करते हैं, उसमें ऊर्जा लगाते हैं। पॉजिटिव या नेगेटिव आप ही आपके जीवन में ला रहे हैं इसको कोई दूसरा नहीं बदल सकता सिर्फ आप बदल सकते हैं अपनी सोच बदल कर। आप अच्छे कर्मों, अच्छे विचारों से, अच्छी ऊर्जा से, अच्छे क्रियेशन से, अच्छी संगत से अच्छी आदत से अपनी बुराई, पुरानी नेगेटिविटी या पुराने ऑर्डर को कैंसिल कर सकते हैं।

अगर आप लाइफ में आकर्षण के नियम को आजमाना चाहते हैं तो यह पूछना छोड़ना पड़ेगा कि यह होगा कैसे उदाहरण आप रेस्टोरेंट में बैठे हो वेटर ने ऑर्डर

ले लिया, पनीर टिक्का और वेटर ऑर्डर लेकर जाने लगा और आपने कहा रुक बता बनाएगा कैसे? वेटर कहेगा में तो वेटर हूँ। कैसे बनाएगा यह तो शेफ जाने और आपने कहा मुझे बताओ ऑर्डर मैं दे रहा हूँ और वेटर कहेगा गेट लॉस्ट।

इसी तरह अगर आपने भगवान या यूनिवर्स से कुछ मांगा और पूछा होगा कैसे तो भगवान कहेगा गेट लॉस्ट, तुझे यकीन नहीं है, विश्वास नहीं है। यह नहीं पूछना कि होगा कैसे बस आप ब्रह्माण्ड को ऑर्डर दे दो, लिख दो और शिद्दत से कर्म करने लग जाओ।

आकर्षण के नियम से ब्रह्माण्ड आपका साथ देने के लिए तैयार है पर आपको पहले खुद का साथ देना होगा।

ब्रह्माण्ड रूपी कल्पवृक्ष में हम जिसे ऊर्जा देंगे वहीं बढ़ेगा इसलिए अच्छा सोचें अच्छाई को ऊर्जा दें आपके साथ अच्छा होगा। पर अधिकतर नकारात्मक और छोटा सोचते हैं और वही तथास्तु होता है भगवान आपको वही देता है जो आप सोचते हैं। आप नकारात्मक सोचते हैं तो भगवान नकारात्मक देता है। अगर आप खुद की सहायता करेंगे तो ब्रह्माण्ड किसी न किसी रूप में आपकी सहायता करेगा। यह ब्रह्माण्ड आपको सब देगा बस आप शिद्दत से मांगो तो सही।

यदि आप निःस्वार्थ भाव से दुनिया का समर्थन करते हैं तो पूरा ब्रह्माण्ड आपका अंतहीन समर्थन करेगा।- टि- हार्वएकर

आकर्षण के नियम के काम नहीं करने के कारण :-

1. **आप इसे अजमाते हैं पर विश्वास नहीं करते हैं**- अंदर से विश्वास नहीं होता है कि यह होगा जब तक विश्वास नहीं होगा तब तक यह काम नहीं करेगा क्योंकि मन में संदेह है यह काम कैसे करेगा। आप ब्रह्माण्ड पर शक कर रहे हैं। इसलिए ब्रह्माण्ड आपको देता नहीं है और आप एक्शन नहीं ले रहे हैं। जब तक आपको विश्वास नहीं होगा तब तक दिल से एक्शन नहीं होगा। एक्शन नहीं होगा तो आपको मिलेगा नहीं। इसलिए विश्वास करें यह काम करेगा चाहे कैसे भी करें। जहां पर लोजिक खत्म हो जाता है वहां मेजिक शुरू हो जाता है।
2. **आप चाहते हो कि ब्रह्माण्ड आपके लिए काम करे पर आप खुद काम नहीं करते हो**- आपकी सेहत अच्छी करनी है आपने आकर्षण के नियम को लगाया पर आप व्यायाम नहीं कर रहे इसलिए आप पर आकर्षण का नियम काम नहीं करेगा बिना आपके कर्म किए, इसलिए आपको कर्म करना होगा।

आप कर्म करेंगे तो ब्रह्माण्ड आपकी सहायता करेगा। पूरा ब्रह्माण्ड आपके लिए काम करने के लिए तैयार है पर शुरूआत आपको करनी होगी।

3. **आप इसे गलत तरीके से लागू करते हैं**- अनजाने में ऐसा कुछ कहना जिससे ब्रह्माण्ड को गलत संकेत जाता है। आपको कहना चाहिए मेरा स्वास्थ्य अच्छा हो जाये या अच्छा हो रहा है। नकारात्मक शब्द नहीं होने चाहिए कि मेरी बीमारी दूर हो जाये।
4. **आप जल्दी ही हार मान लेते हो**- थोड़े दिन में गिव अप कर देते हैं कि यह काम नहीं करता है पर लोग टीवी वर्षों से देखते आ रहे हैं, गपशप वर्षों से कर रहे हैं, आलस्य को वर्षों से पकड़ कर रखते हैं, बुरी आदतों को सालों साल पकड़ रखते हैं पर अच्छी आदतों को बहुत जल्दी जज करके छोड़ देते हैं कि यह काम नहीं करती हैं।

कभी-कभी हम जल्दी गिव अप कर देते हैं पर हम बुरी आदतों में गिव अप नहीं करते हैं यह हमारी सबसे बड़ी समस्या है।

5. **आप इसके अनुरूप लगातार कार्य नहीं करते**- आकर्षण का नियम आपके लिए काम नहीं कर रहा क्योंकि आप इसके लिए सतत प्रयास नहीं कर रहे हैं लगातार एफर्ट लगाना पड़ेगा, एक दिन में कुछ नहीं होता है। किसान बीज को जमीन में लगाता है वह उसे खाद पानी देता है, समय-समय पर निराई-गुड़ाई करता है किटनाशी का छिड़काव करता है तीन-चार महीने का समय देता है फिर उसे फसल मिलती है।

   लगातार कर्म करते रहना है, यह नहीं सोचना कब मिलेगा, कर्म करते रहो शिद्दत से जब तक लक्ष्य प्राप्त नहीं हो जाता, लगातार कर्म करते रहो उस सपने को देखते रहना, सोचते रहना है उसको ऊर्जा देते रहना बिना शक किए।
6. **आप अपनी ऊर्जा को डर में लगा रहे हैं**- आपकी जो ऊर्जा है वह लगा तो रहे हो लेकिन मन में डर एवं भय है यह कैसे होगा चाहे आपने विजुलाइजेशन किया हो, विजन बोर्ड बनाया हो पर मन में डर है यह कैसे होगा मन में भय है तो यह आपके लिए काम नहीं करेगा।

उदाहरण एक बोतल में पानी भरा हुआ है लेकिन उस बोतल में एक छेद हो गया तो क्या वह पानी उसमें रुकेगा नहीं। इसी तरह आपके मन में डर भरा है

तो आकर्षण का नियम काम नहीं करेगा क्योंकि डर का छेद हो गया है वहां से ऊर्जा लिकेज हो रही है इस लिकेज को रोकना होगा। क्योंकि जिस पर आप ऊर्जा लगाएंगे वही बढ़ेगा।

जिस चीज को आप पाना चाहते हो उसे आशीष दे।- हूँना दर्शन

7. **आप निश्चित मानसिकता एवं अपनी धारणाओं को पकड़े रहते हैं**- रॉन्ग बिलीफ को हटाना होगा कुछ लोग सोचते हैं कि राजनीति में आने के बाद 15-20 वर्ष लगते हैं सीएम बनने के लिए। यह आपकी धारणा है यह मुश्किल है पर संभव है उदाहरण केजरीवाल कम समय में सीएम बन गए। फिक्स माइंडसेट को हटाना होगा तभी जाकर आप वहां पहुँच पाओगे जहां पहुँचना चाहते हो।

एक बार दो लड़के खेल रहे थे खेलते-खेलते गांव के बाहर चले गए। एक 6 वर्ष का था दूसरा 8 वर्ष का था। खेलते-खेलते 8 वर्ष का लड़का कुएं में गिर गया, दूसरे ने पास में एक रस्सी देखी उसको कुएं में फेंकी और उसको कहा इसे पकड़ और उसने बहुत मशक्कत करके उसे बाहर निकाल दिया। उसके हाथ रस्सी से कट गये एवं खून आने लगे। वह गांव में गये तो गांव वालों ने देखा उनके हाथों से खून आ रहा था। उन्होंने पूरी स्टोरी बताई पर किसी ने यकीन नहीं किया कि कैसे 6 वर्ष का लड़का रस्सी खींचकर 8 वर्ष के लड़के को बाहर निकाल सकता है। तब एक समझदार बुजुर्ग ने कहा यह इसलिए संभव हो पाया क्योंकि इसका दोस्त कुएं में गिर गया था और पास में इसे यह कहने वाला कोई नहीं था कि तेरे से यह नहीं होगा इसलिए यह इसे निकाल पाया।

खुद पर विश्वास रखें आपका विश्वास ही आपकी शक्ति है।- लेखक

8. **आप अपने परिवेश को बदलने को तैयार नहीं**- आप अपने वातावरण को बदलना नहीं चाहते इससे भी आकर्षण का नियम काम नहीं करता है। उदाहरण आप चाहते हैं आपकी शराब पीने की आदत छूट जाए, पर आप माहौल नहीं बदलते। शराबी दोस्तों से दूरी नहीं बनाते हो तो आप शराब नहीं छोड़ पाएंगे।

जब तक आप वही करते रहोगे जो आप हमेशा करते आये हो तो आपको वही मिलता रहेगा जो हमेशा से मिलता आया है।- टोनी रॉबिंस

आकर्षण के नियम से काम करवाने के लिए

अफरमेंशन- मैं यह चाहता हूँ जब आप बोल रहे हैं यह पिक्चर आपके दिमाग में आ रही है आपके कान सुन रहे हैं, इसी के हिसाब से आपकी बॉडी में प्रतिक्रिया हो रही है, इसी के हिसाब से आपकी फीलिंग चेंज हो रही है, इसी के हिसाब से आपका एक्शन होने वाला है बॉडी में पॉजिटिवीटी की फीलिंग जनरेट होती है रिजल्ट आपके फेवर में आने लगते हैं यानी आप ब्रह्माण्ड को अफर्म कर रहे हैं।

उदाहरण

मेरा घर स्वर्ग है।

जो मैं खाऊं वह अमृत है।

मेरा परिवार बहुत अच्छा है।

दिन भर गरीबी का रोना रोने से अच्छा है ये अफरमेंशन दिन में दो बार बोलें अच्छे परिणाम के लिए ध्यान रखें।

1. अफरमेंशन को लाउडली बोलना है।
2. जोश के साथ बोलना।
3. लिख कर दिवार पर चिपकाये।

अफरमेंशन में बहुत ताकत होती है। समस्या यह है कि हम शब्द बहुत नेगेटिव सोचते एवं बोलते हैं। अगर हम खुद से सकारात्मक बात करने लग जायें तो हमारे जीवन से नकारात्मकता अपने आप खत्म हो जायेगी।

"जहां चाह वहां राह, जहां जोश वहां शक्ति"

मोहम्मद अली हर बार अपने आप से बोलते थे- आई एम ग्रेटेस्ट, आई एम चेम्पियन बार-बार बोलने से ब्रह्माण्ड सुनता है। यह खुद के मन को गवाही है। कमान से रिजल्ट आते हैं पॉजिटिव कमान से पॉजिटिव रिजल्ट आता है। इसका उल्टा भी सही है।

अगर इंसान अपनी कल्पना में अपना मनचाहा जीवन रच सकता है तो वह उसे मिनट दर मिनट, घंटा दर घंटा, दिन ब दिन, वास्तव में अर्थात हकीकत बना सकता है। कल्पना के साथ शिद्दत से क्रियान्वन भी होना चाहिए।

आप हर वह चीज इमेंजिन करें जो आप लाइफ में चाहते हैं उस चीज को इमेंजिंग नहीं करना जो आपको नहीं चाहिए लेकिन हम इसका उल्टा करते हैं।

हमारे घर का कोई सदस्य बाहर गया है वह शाम को 6 बजे लौटने वाला था लेकिन रात को 10 बजे तक नहीं आया, हमारे मन में क्या आता है कहीं दुर्घटना तो नहीं हो गई, मर तो नहीं गया, लूटपाट तो नहीं हो गई, अरे चाहते क्या हो उसका अच्छा चाहते हो या बुरा। चिंता हो गई थी उस समय इमेजिनेशन करो वह सुरक्षित है, ऑफिस का काम कर रहा होगा, कोई मिटिंग होगी, किसी परिचित के यहां चला गया होगा जब तक कोई अनहोनी की खबर नहीं आ जाए तब तक अच्छा इमेजिन करो।

आकर्षण के नियम के बारे में सबसे अच्छी बात यह है कि आप जहां है वहीं से इसे शुरू कर सकते हैं। आप इसी समय सोच को बदल कर अच्छा सोचना शुरू करें और अपने भीतर सद्भाव सकारात्मक और खुशी की भावना उत्पन्न कर सकते हैं और नियम उसी के अनुरूप प्रतिक्रिया करना शुरू कर देगा। हर चीज ऊर्जा है ब्रह्माण्ड ऊर्जा है, आप ऊर्जा हैं आप ऊर्जा के चुम्बक हैं इसलिए आप चुम्बकीय ऊर्जा द्वारा हर चीज को अपनी ओर आकर्षित करते हैं यह आप पर निर्भर करता है, आप किसे ऊर्जा देते हैं और आकर्षित करते हैं, आप जिसे ऊर्जा देंगे ब्रह्माण्ड आपको वह देगा, आप जिस तरह के होते हैं वैसे लोग आपको मिलने लगते हैं।

आप एक जीते जागते चुम्बक हैं। आप अपनी सोच से लोगों, विचारों, मोकों और परिस्थितियों को आकर्षित करते हैं। जब आप सकारात्मक आशावादी सोच को ऊर्जा देते हैं तो आप एक ऐसे चुम्बकीय आभा मंडल का निर्माण करते हैं जो आपकी सोच से जुड़ी बातों को आपकी ओर आकर्षित करता है जैसे चुंबक लोहे को। उदाहरण

भय भय को आकर्षित करता है।

नफरत नफरत को आकर्षित करती है।

दुःख दुःख को आकर्षित करता है।

नकारात्मकता नकारात्मकता को आकर्षित करती है।

सकारात्मकता सकारात्मकता को आकर्षित करती है।

शक्ति शक्ति को आकर्षित करती है।

प्यार प्यार को आकर्षित करता है।

जैसे कर्म करोगे वैसा फल मिलेगा बात बहुत सही है आपकी जैसी भावना होगी रिजल्ट तो आपको वैसे ही मिलने है कुदरत जब हिसाब लगाती है तो वह शरीर

के नहीं मन के कर्मों का हिसाब लगाती है। मन में दूसरों के लिए जो भी भावना होगी वही लौटकर आपके जीवन में आयेगी।

कल्पना शक्ति

"कल्पना ही सब कुछ है यह जीवन के आगामी आकर्षण का पूर्व दर्शन है"।- अल्बर्ट आइस्टाइन

मस्तिष्क जिस चीज की कल्पना कर सकता है उसे हासिल भी कर सकता है।- डब्ल्यू. क्लीमेंट स्टोन

आपको भविष्य में क्या चाहिए उसकी कल्पना करना अर्थात भविष्य को दिमाग में क्रियेट करना है। सफलता दो बार क्रियेट होती है एक बार किसी के दिमाग में दूसरी बार हकीकत में एक बार जब दिमाग में क्रियेट हो गयी तो वह हकीकत में भी हो जायेगी।

कल्पना के अच्छे परिणाम के लिए

1. बॉडी में फीलिंग होनी चाहिए।
2. स्माइल के साथ करें।
3. फोकस केवल अंतिम परिणाम पर होना चाहिए।

कल्पना ही ऐसी कार्यशाला है जहां मनुष्य द्वारा बनाई गई योजनाओं को अपना आकार मिलता है।- नेपोलियन हिल

4.

अपने सपनों को साकार करें

चलो, उठो और तब तक मत रुको जब तक लक्ष्य तक न पहुँच जाओ।- स्वामी विवेकानंद

किसी भी बड़े मुकाम को हासिल करने के लिए खुद पर अटूट विश्वास होना चाहिए। सपने छोटे या बड़े हो सकते हैं लेकिन कभी उनका पीछा नहीं छोड़ें एवं कभी हार न माने।

हमारा बिलीफ सिस्टम ही ऐसा है जब तक जेब में पैसा नहीं तब तक बड़े सपने देखने नहीं, उतने ही पैर पसारों जितनी चादर है अर्थात उतने ही सपने देखो जितना जेब में पैसा है यह गलत प्रोग्रामिंग है। हम काम तो विपरित करते हैं उम्मीद करते हैं रिजल्ट फेवर में आए, कभी नहीं आएगा। इसलिए बड़े सपने देखो पैर पसारो चादर अपने आप लम्बी होगी। शुरुआत हमेशा सोचने से ही होती है।

आज के बाद जाइए मंहगे शोरूम में, अच्छा कपड़ा देखो उसका ट्राइल लो दो-चार फोटो खींचो फिर प्राइस टेग देखें अगर यह महंगा है तो यह मत कहो महंगा है कहो अरे इसकी कीमत सिर्फ बीस हजार रूपये है बाद में खरीदूँगा।

सफल और असफल लोगों के बीच सबसे बड़ा फर्क यह है कि सफल लोग वह करने के इच्छुक रहते हैं जो असफल लोग नहीं करना चाहते।

जितनी ऊर्जा आप नेगेटिव सोचने में, डर में, छोटा सोचने में, अपने आप को कमजोर समझने में, टीवी देखने में, आलस्य करने में, शिकायत करने में, पड़ोसी की बातें करने में लगाते हैं इतनी ही ऊर्जा अगर आप अपने सपने पर लगा दो तो हर सपना पूरा हो जायेगा मिरेकल पर मिरेकल होने लग जाएंगे। केवल सपने देखना काफी नहीं है उसे कड़ी मेहनत से हासिल करना भी जरूरी है।

अगर हमारे सपने ही नहीं होंगे तो वे पूरे कैसे होंगे।

हमारी पूरी ऊर्जा लक्ष्य पर नहीं लगती जिस दिन हमारी पूरी ऊर्जा लक्ष्य पर लग जाएगी, उस दिन लक्ष्य प्राप्त हो जाएगा हम लक्ष्य को आलस्य, नकारात्मकता,

टीवी देख कर फालतू बातें करके, पंचर कर देते हैं हमने लिकेज कर रखे हैं, इसलिए हमारी ऊर्जा लक्ष्य पर नहीं लग पा रही है और इन चीजों से कोई मतलब नहीं निकलेगा इसलिए इनसे हटकर लक्ष्य पर नजर रखें। याद रखें "सपने देखे जाते हैं लक्ष्य हासिल किए जाते हैं आपको देखना है या हासिल करना है"।

आपको जो कार चाहिए आप कितनी बार उस शोरूम में गए कभी नहीं गए, उस कार में कभी नहीं बैठे, उसका इंटीरियर नहीं देखा, वह दिखती कैसे, आपने उसको छुआ नहीं और दूर से कह रहे हैं मुझे वह कार चाहिए। आत्मविश्वास के साथ शोरूम में जाइए उस कार को देखिए टेस्ट ड्राइव कीजिए, फोटो खींचिए जब आप अपने लक्ष्य के पास जाएंगे तो आपका लक्ष्य भी आपके पास आएगा। अगर आप अपने लक्ष्य से दूर जाएंगे तो लक्ष्य भी आपसे दूर जाएगा।

लक्ष्य प्राप्त करने के 5 कदम

1. **प्रबल इच्छा (बरनिंग डिजायर)**- ऐसी प्रबल इच्छा जो आपको सोने नहीं दे। अब्दुल कलाम ने कहा सपने वो नहीं जो हम सोकर देखते हैं सपने तो वो होते हैं जो हमें सोने ही नहीं देते हैं। ऐसा सपना जो बरनिंग डिजायर बन जाये वो नहीं मिले तो मन को चैन नहीं आये।

आपका जो लक्ष्य है उसके बारे में बात किजिए, उसके फोटो देखिये, दीवार पर चिपकायें, उसके बारे में जानकारी एकत्रित करें उसका ट्राइल लें। हमारे सपने बहुत छोटे हैं जब तक हम सपने बड़े नहीं देखेंगे तब तक बड़े लक्ष्य हासिल नहीं कर पाएंगे।

2. **आशा एवं विश्वास**- जब बुरा वक्त आता है तो, आप दूसरों से उम्मीद करते हैं, दूसरों पर विश्वास करते हैं कि वह सहायता करेगा पर आप खुद पर विश्वास नहीं करते हो, खुद पर विश्वास करो। खुद पर भरोसा रखो इंसान खुद पर विश्वास नहीं करता जिस दिन खुद पर विश्वास कर लेगा वह जो चाहे पा सकता है।

उम्मीद क्यों खो रहे हैं अब तो 50 वर्ष के हो गए, 60 वर्ष के हो गए अरे जब कोई 65 की उम्र में के.एफ.सी. की शुरुआत कर सकता है तो आप क्यों नहीं, ग्रान्डमा मोसेज ने 78 वर्ष की उम्र में पहली पेन्टिग बनाई, शूटर दादी ने 65 की उम्र में शूटिग सीखी और लगा दिए पदकों के अंबार। सबसे पहले अपने आप पर भरोसा रखें शूटर दादी कहती हैं हिम्मत करे इंसान तो सहायता करे भगवान जब तक आप हिम्मत नहीं करोगे भगवान आपकी सहायता नहीं करेंगे।

अपने लक्ष्य के लिए तड़प होनी चाहिए, विश्वास रखें परिश्रम का फल सफलता ही है।

3. **पूर्ण स्पष्टता**- स्पष्टता होनी चाहिए कोई कहता है मुझे बहुत ज्यादा पैसे चाहिए ज्यादा मतलब कितने एक भिखारी के लिए सौ रुपए भी ज्यादा हैं। अब आपको कितने चाहिए किसी अरबपति के लिए दो करोड़ भी छोटी राशि है। कोई कहता है मुझे घर खरीदना है घर कहां पर खरीदना है कौन सी लोकेशन पर खरीदना है। कितना बड़ा चाहिए अरे इतना सोचना पड़ेगा हां इतनी क्लेरिटी चाहिए। स्पष्टता ही शक्ति है।

अगर आप किसी दुकान पर जाते हैं आप कहते हैं भैया शक्कर देना तो उसका पहला सवाल होगा कितनी देनी है, जब तक आपको क्लेरिटी नहीं है कि क्या चाहिए, कहां जाना है तो ब्रह्माण्ड आपको वह दे नहीं सकता, स्पष्टता होगी तो ही परिणाम आएगा।

4. **सदेंह नहीं होना चाहिए**- कभी भी अपने लक्ष्य पर एवं खुद पर संदेह नहीं होना चाहिए शिद्दत से अपना कार्य करते रहो।

सचिन ने 1983 का विश्व कप देखा था तब वह दस वर्ष के थे। उस वक्त कपिल देव ने विश्वकप ट्राफी हाथ में उठा रखी थी। उस रात सचिन को नींद नहीं आयी और वह अपने बल्ले को सीने से लगा कर सोये एवं सोच लिया एक दिन मैं भी विश्वकप ट्राफी उठाऊंगा। इतिहास गवाह है एक दिन विश्वकप उनके हाथ में था ऐसा कोई दिन नहीं गया जब सचिन ने खुद पर विश्वास नहीं किया हो।

हम लोग छोटी-छोटी बातों से विचलित हो जाते हैं, लक्ष्य को भूल जाते हैं। हमें लक्ष्य पर फोकस करना चाहिए। अगर कुछ अच्छा नहीं होता है तो आदमी डिप्रेशन में चला जाता है अटेंशन मिलेगा, खुद को बेचारा बना देता है, लोगों की सहानुभूति पाने के लिए।

दुनिया में अधिकांश महत्त्वपूर्ण चीजें उन लोगों द्वारा पूरी की गई जो तब भी प्रयास करते रहे हैं जब उन्हें कोई उम्मीद नहीं थी।- डेल कार्नेगी

5. **नेवर गिव अप**- आपका लक्ष्य जितना बड़ा होगा कठिनाइयां उतनी ही आएंगी बड़े लक्ष्य को हासिल करने के लिए प्रयास करना पड़ता है। यह कोई ऐसी चीज नहीं है जो आसानी से मिल जाए सितारों तक पहुँचना कष्टदायक हो सकता है इसलिए केवल कुछ लोग ही लक्ष्य तक पहुँचते हैं। लेकिन जो सिर्फ जीत पर विश्वास करते हैं और बड़ी से बड़ी असफलताओं से घबराते नहीं अंत में जीत उन्हीं की होती है।

अपने सपनों को मत छोड़ो, नहीं तो आपके सपने आपको छोड़ देंगे।- जॉन वुडन

एक सफल व्यक्ति और दूसरे के बीच का अंतर ताकत की कमी नहीं है, ज्ञान की कमी नहीं है, बल्कि इच्छाशक्ति की कमी है।- विंस लोम्बार्डिक द लोंग बॉडी

अगर व्यवसाय शुरू करना है या कार लेनी है तो उसका सबसे बेहतर तरीका है जिससे यह विचार हमेशा आपके साथ रहे, मन में बना रहे, लिखिए अपने गोल को लिखें आपको कार लेनी है आप लिख लेते हैं तो आप अपने लक्ष्य को प्राप्त करने के लिए प्रथम कदम उठा चुके होते हैं लिखना बहुत प्रभावी कदम है।

सोचने से कोई विचार ज्यादा समय तक बना नहीं रहता है लेकिन लिखने से वह विचार बना रहता है। लिखने में मेहनत लगती है नोटबुक लेनी पड़ती है पेन उठाना पड़ता है लिखते वक्त हाथ चलता है, आंखें पढ़ती हैं, इतनी सारी गतिविधि होती हैं। लिखने से ही लक्ष्य पूरे होने की संभावना बढ़ जाती है।

लिखने के तरीके

1. प्रजेंट कन्टीन्युस में लिखें।
2. फीलिंग शब्द के साथ लिखें।
3. केवल सकारात्मक शब्द लिखें।
4. भगवान को एडवांस में थैंक यू बोलें।
5. स्पष्टता के साथ लिखें।
6. क्रम से अर्थात बढ़ते क्रम में लिखें।

लिखकर अपने बेडरूम में लगाये ताकि सुबह उठते ही दिखाई दे, पूजा घर में लगा सकते हैं या आपके प्राइवेट केबिन में लगा सकते हैं।

लक्ष्य हमेशा स्पष्ट जिसे मापा जा सके, पूर्ण करने योग्य, वास्तविक एवं समय सीमा बंद होने चाहिए।

1979 में हावर्ड युनिवर्सिटी में बच्चों को कन्वोकेशन के दिन पूछा गया कि आप कितने लोगों के लक्ष्य हैं, आपको पता है कि आप क्या बनना चाहते हैं उसमें से चौरासी प्रतिशत बच्चे ऐसे थे जिनके जीवन में कोई लक्ष्य नहीं था, तेरह प्रतिशत बच्चे ऐसे थे जिनके मन में लक्ष्य था दिमाग में सोचा हुआ था और सिर्फ तीन प्रतिशत बच्चे ऐसे थे जिन्होंने अपने गोल को कागज पर लिखा हुआ था और अपने

सामने लगा रखा था। 10 साल बाद वापस सर्वे किया गया तो 84 प्रतिशत जिनके जीवन में कोई लक्ष्य नहीं था वे ठीक-ठाक कमा रहे थे। तेरह प्रतिशत जिनके जीवन में लक्ष्य था मन में सोचा हुआ वे 84 प्रतिशत से डबल कमा रहे थे और जो तीन प्रतिशत थे उन्होंने कागज पर लक्ष्य लिखा हुआ था वे 97 प्रतिशत कमा रहे थे, उनसे दस गुना कमा रहे थे।

आपके लक्ष्य के चार दुश्मन

1. **अतीत को दोष देना**- अतीत को दोष देना छोड़कर आज पर फोकस करना होगा कि आज ऐसा क्या करूं जिससे लक्ष्य प्राप्त हो जाए।
2. **बहाने बनाना**- कुछ न करने के लिए दुनियाभर के बहाने हैं हमारे पास कुछ करने के लिए सिर्फ एक कारण काफी होता है। एक सूत्र याद रखो मुझे काम चाहिए काम नहीं होने का बहाना नहीं।
3. **दूसरों की राय पर निर्भरता**- उसने ऐसा कह दिया, वैसा कह दिया, पड़ोसी आवाज करें हम डिस्टर्ब हो जाते हैं, इंडिया मैच हार जाए तो हम डिस्टर्ब हो जाते हैं हम पढ़ाई करना बंद कर देते हैं इस सिचुएशन से ऊपर उठना होगा। हमारी मानसिकता कितना दूसरों पर डिपेंड है। अगर कोई आपको कहे यह तुझसे नहीं हो सकता तो इसका एक ही मंत्र है इग्नोराय नमः अनसुना कर दें।
4. **आलस्य**- अगर आप आलस्य करने में आगे रहें तो सफलता प्राप्त करने में पीछे रह जाओगे।

दुनिया में सबसे महत्त्वपूर्ण चीज होती है आपका सपना जो भी आपका लक्ष्य है आपका सपना है उसे पाने के लिए मेहनत कीजिए, उसे प्राप्त किजिए, अगर आपने ऐसा नहीं किया तो जीने का क्या मकसद, जिंदगी डर कर जीने के लिए नहीं है न असफलता से और न ही समाज से हमें इस बात से डरना चाहिए कि अगर हम अपना सपना पूरा नहीं कर पाए तो दुनिया हमारी काबिलियत को नहीं पहचान पाएगी जिंदगी एक सुनहरा मौका है अपनी काबिलियत को साबित करने का बस इसे साबित करो।

"लक्ष्य न होने की समस्या यह है कि आप अपनी सारी जिंदगी मैदान में ऊपर नीचे भागने में बिता देंगे पर कहीं पहुँचेंगे नहीं"।- बिल कोपलैंड

सपने पूरे करने के लिए आप जाग जाएं साथ ही आपको विश्वास होना चाहिए कि आपका सपना पूरा होगा। सपने पूरे करने के लिए खुद में छिपी प्रतिभा को

पहचानना होगा आपदा में अवसर छिपा होता है। आप में भी प्रतिभा छिपी हुई है एक चिट्ठी पर पता नहीं लिखा हो तो वह कहीं नहीं पहुँचती है अगर उस पर पता लिखा हो तो वह गंतव्य तक पहुँच जाती है इसी तरह अगर हमारे सपने होंगे तो वे पूरे होंगे लक्ष्य ही इंसान को खींचता है।

जापान पर 1945 में अमेरिका ने परमाणु बम गिराया था। जापान की सामाजिक, आर्थिक स्थिति खराब हो गई थी। जापान का सम्मान कम हो गया था। देश, दुनिया की नजर में जापान ने 1950 में लक्ष्य निर्धारित किया कि 1960 में टेक्सटाइल में नंबर वन बनना है। पूरी दुनिया में जबकी जापान की जमीन परमाणु बम से खराब हो चुकी थी पर उसने लक्ष्य बनाया और उसे प्राप्त कर लिया फिर 1960 में लक्ष्य बनाया कि 1970 में दुनिया में स्टील में नम्बर वन बनना है जबकी स्टील के लिए लोहा, कोयला चाहिए जो जापान में नहीं था फिर भी लक्ष्य बनाया और प्राप्त कर लिया। फिर 1970 में लक्ष्य बनाया कि 1980 में ऑटोमोबाइल में दुनिया में नम्बर वन बनना है और बन गया लक्ष्य बनाना मतलब सपनों को हकीकत में बदलना है।

आप भी अपने 108 लक्ष्य डायरी में लिखें एवं निश्चित दिनांक डाले पूरा करने की।

जैसे :-

3000 का पेन

10000 की ड्रेस

लैपटॉप

आइ फोन

क्रम से लिखें पहले छोटे लक्ष्य लिखें फिर बड़े लक्ष्य। जब छोटे-छोटे लक्ष्य पूरे होते हैं उनको टिक करोगे तो आपका आत्मविश्वास बढ़ता जाएगा और धीरे-धीरे बड़े लक्ष्य भी पूरे हो जाएंगे।

सपनों को पूरा करने के लिए लक्ष्य में बदलना एवं समयसीमा देना यही सपने पूरे करने की कुंजी है, कोई भी सपना एक शर्त पर ही पूरा होता है जब आपके विचार उस दिशा में कार्य करने लग जाते हैं और पूरी शिद्दत से एक्शन होता है तो आपको आपका लक्ष्य मिल जाता है।

"एक लक्ष्य एक ऐसा सपना है जिसकी एक समय सीमा है"।- नेपोलियन हील

किसी लक्ष्य को प्राप्त करने के लिए खुद पर विश्वास एवं सकारात्मक सोच होनी चाहिए जब आपको खुद पर प्रबल विश्वास है कि आप अपना लक्ष्य प्राप्त कर लेंगे तो आप उस दिशा में जरूरी कदम उठाना शुरू कर देते हैं।

एक ऐसा लक्ष्य निर्धारित करें जो आपको सुबह बिस्तर से उठने पर मजबूर कर दे। यदि आप अपने लक्ष्य के प्रति गंभीर हैं तो आप इसे प्राप्त कर सकते हैं। जब आप समस्याओं पर ध्यान लगाओगे तो लक्ष्य दिखना बंद हो जाएगा। जब लक्ष्य पर ध्यान लगाओगे तो समस्या दिखनी बंद हो जाएगी।

जीत की लत तब लग जाती है जब आप हार के सारे बहाने नष्ट कर देते हैं।- हिरल नागदा

सपना देखिए और सपने को पूरा करने के लिए अपनी संपूर्ण ऊर्जा तथा खुद को पूरी तरह से उस काम में झोंक दो जब तक वह सपना पूरा नहीं हो जाता बस खुद को पूर्ण रूप से उस काम में समर्पित कर दो एक दिन सफलता जरूर मिलेगी।

अगर आपको कुछ करना है तो समय निकालिए कुछ लोग कहते हैं टाइम नहीं मिलता सच तो यह है कि आप बहाना बना रहे हैं। अगर आप पाना चाहते हैं और कुछ करना है तो आप बिना किसी बहाने के कीजिए। अगर आप बहाना मार रहे हो तो आपको काम करने की इच्छा नहीं है। जब तक आप संघर्ष नहीं करोगे तब तक आप आगे नहीं बढ़ पाओगे, जब आप कोई भी काम करो उसमें अपना शत-प्रतिशत दो कंपटीशन में भी आप किसी को दिखाने के लिए मत पढ़िए कि लोग कहेंगे इसने बहुत मेहनत की। दिखाने के लिए नहीं आपके मन को संतुष्ट करने के लिए पढ़िए, सपने को पूरा करने के लिए पढ़िए जब आपका मन कह देगा मैंने यहां पर कोई कसर नहीं छोड़ी उस दिन समझ लीजिए आप सफल हो गए। आपको जोर आना चाहिए, पसीना आना चाहिए, थोड़ा कष्ट करना चाहिए तभी आप आगे बढ़ पाएंगे सफल हो पाएंगे।

अगर आप किसी चीज के सपने देख सकते हैं तो यकीन मानिए आप उसे हासिल भी कर सकते हैं।

लो आफ फोकस

जहां आपका ध्यान जाता है वहां ऊर्जा प्रवाहित होती है इसलिए जिंदगी में जहां पर परिणाम चाहिए वहीं पर फोकस करो। जिंदगी के जिस भी क्षेत्र में आप प्रगति

चाहते हैं वहां अपनी पूरी ताकत, पूरी क्षमता को केंद्रित कर दीजिए एक साथ आप दो चीजों पर फोकस नहीं कर सकते।

सीमित लक्ष्यों पर अपनी सारी ऊर्जा केद्रिंत करने से आपके जीवन में जितनी शक्ति आती है, उतनी किसी दूसरी चीज से नहीं आती।- नीडो क्युबीन

प्रताप की प्रतिज्ञा

जब तक मैं शत्रुओं से अपनी पावन मातृ भूमि को मुक्त नहीं करा देता तब तक न तो मैं महलों में रहूँगा, न शैय्या पर सोऊंगा और न सोने चांदी अथवा किसी धातु के पात्र में भोजन करूंगा, वृक्षों की छांव ही मेरे महल हैं, घास ही मेरा बिछौना और पत्ते ही मेरे भोजन करने का पात्र होंगे। यह प्रतिज्ञा महाराणा प्रताप ने ली थी। क्या हम अपने लक्ष्य को प्राप्त करने के लिए ये प्रतिज्ञा नहीं ले सकते कि मैं जब तक जॉब नहीं लग जाता या कोई व्यवसाय शुरू नहीं कर देता तब तक फालतु दोस्तों से दूर रहूँगा एवं शिद्दत से कर्म करूँगा। लोगों की क्या औकात तुम्हें भटकाने की बस शिद्दत होनी चाहिए लक्ष्य पाने की।

जब लक्ष्य असंभव लगता है और आप उसे छोड़ने को तैयार होते हैं, उस वक्त आप जीत के बहुत करीब होते हैं।

जितने भी महान लोग हैं उन्होंने भी हार का सामना किया लेकिन उन्होंने अपने दिमाग में एक बिलिव सिस्टम बनाया है। चाहे कितनी भी मुश्किलों का सामना क्यों न करना पड़े लेकिन वह हार नहीं मानने वाले। जिस दिन आपने इस सिस्टम को अपने दिमाग में बना लिया चाहे कुछ भी हो जाए जो लक्ष्य बनाया है उसे पाना है तो आपको दुनिया की कोई ताकत रोक नहीं सकती। कितने वर्ष यह सोचने में बिता दिए कि आप उस काम को नहीं कर सकते आप अमीर नहीं बन सकते हैं। क्यों न आप आने वाला एक वर्ष यह सोचने में बिताये कि आप उस काम को कैसे कर सकते हैं, अमीर कैसे बन सकते हैं।

जब भी लक्ष्य निर्धारित करो तब अर्जुन की तरह मछली की आंख दिखनी चाहिए।

एक बार वाल्ट डिज्नी ने डिसाइड किया कि विश्व का बेस्ट डिज्नी वर्ड बनाएंगे। सबसे बेहतरीन डिज्नी वर्ड बनाया लेकिन डिज्नी वर्ड बनाने से पहले वे दुनिया में

नहीं रहे। जब उस डिज्नी वल्ड का उद्घाटन हुआ तो बड़े-बड़े सेलिब्रिटी आये किसी ने कहा कितना प्यारा क्रिएशन है, काश डिज्नी जिंदा होते और इसे देख पाते। तब वाल्ट डिज्नी की पत्नी ने कहा माय डियर जैंटल मेंन आपने कहा कि काश डिज्नी जिंदा होते इसे देखने के लिए मैं आपको कहना चाहती हूँ वाल्ट डिज्नी ने इसे पहले ही देख लिया था मांइड में तभी आप इसे आज देख पा रहे हैं।

जो सपने देखने की हिम्मत करते हैं; वो एक दिन उन्हें पा भी सकते हैं।

विजन बोर्ड यह आपके सपनों का बोर्ड है जहां पर आप अपने सपनों की पिक्चर काट कर लगाते हैं।

उदाहरण अगर आपको घर चाहिए घर की पिक्चर लगाएं, कार चाहिए कार की पिक्चर लगाएं, छोटी-बड़ी जो भी चीज आपको चाहिए उसे विजन बोर्ड पर लगाएं। अन्तः में थैंक यू सो मच लिखें। इसे बेडरूम में लगाएं या ऑफिस में प्राइवेट केबिन में लगाएं ड्राइंग रूम में नहीं लगाना है क्योंकि वहां ज्यादा लोग देखेंगे। सभी की एनर्जी एवं नजर पॉजिटिव नहीं होती है।

जो चाहिए काटो और लगा दो, आप ब्रह्माण को ऑर्डर दे दो, मन में विचार आता है लगाने से, क्यों और कैसे मिलेगा।

काटने और लगाने से पहले आप सोचेंगे कैसा घर चाहिए वैसी पिक्चर आप ढूंढोगे, ढूंढने के बाद काटोगे उसके बाद उसे चिपकाओगे उसके बाद रोज सुबह आप उठते ही आपकी बेडरूम के सामने की दीवार पर नजर पड़ेगी आप इस कमरे में जाएंगे वह पिक्चर आपके माइंड में हिट करेगी माइंड के अंदर जा रही है छवि बन रही है ब्रह्माण्ड आपकी सहायता करेगा और आपकी एक्शन केपीसीटी बढ़ेगी, लिखने में बहुत शक्ति है लिखने से लक्ष्य को मूर्त रूप मिलता है।

आप कहेंगे क्या यह वास्तव में काम करता है? मैं कहता हूँ आजमा कर देख लो।

❖❖

5.

अपनी आदतों को बदलें

सभी सफल पुरुषों और महिलाओं की सफलता इस तथ्य में है कि उन्होंने वे आदतें अपनाईं हैं जो असफल लोग नहीं अपनाते हैं।- अल्बर्ट ग्रे

कोई भी आदत विकसित करने के लिए जरूरी है कि पहले उसके लिए इच्छा को विकसित किया जाए। अच्छी आदतें आपकी सफलता के लिए टॉनिक का काम करती हैं। 66 दिन के अभ्यास से कोई भी आदत बन जाती है।

नई आदत अभ्यास और दौहराव से सीखी जा सकती है। बार-बार दोहराकर आप इसे अपने अवचेतन मन में दर्ज कर सकते हैं और अपने व्यवहार का स्थायी हिस्सा बना सकते हैं। एक बार जब आदत पड़ जाती है तो यह स्वचालित हो जाती है।

जब कोई रॉकेट उड़ान भरता है तब अपनी उड़ान के पहले कुछ मिनटों में इतना ज्यादा ईंधन खाता है जितना बाकी की यात्रा में नहीं खाता। ऐसा इसलिए होता है क्योंकि वह गुरूत्वाकर्षण की शक्ति से आजाद हो जाता है। इसी तरह किसी नई आदत को बनाते समय शुरूआत में ज्यादा समर्पण लगता है।

अगर आप फल बदलना चाहते हैं तो आपको जड़ों पर काम करना होगा। आपको पैसा चाहिए, अच्छी लाइफ चाहिए, तरक्की चाहिए, अच्छे रिश्ते चाहिए तो आपको इंटरटेनमेंट से एजुकेशन की तरफ शिफ्ट होना पड़ेगा। इंटरटेनमेंट से सिर्फ टाइम पास होगा और कुछ नहीं होगा। सुधा मूर्ति की नानी ने 84 साल की उम्र में अंग्रेजी सीखी, सीखने की कोई उम्र नहीं होती है।

खुद को चार्ज करने के लिए

1. बॉडी लैंग्वेज को अप करें भावना गति द्वारा निर्मित होती है।
2. खुद से सकारात्मक कम्युनिकेशन करें क्योंकि आप खुद से कहोगे मैं कर सकता हूँ, तो आप उस काम को कर लेंगे। अगर आप खुद से कहेंगे में नहीं कर सकता तो आप नहीं कर पाओगे।

3. खुद को अच्छी स्टोरी दें।

दो प्लेन बेंगलुरु से रवाना होते हैं उनको जाना चंडीगढ़ नाक की सीध अर्थात सीधे जाना है मगर एक प्लेन 1 डिग्री लेफ्ट घूम जाता है। लगभग 2000 किलोमीटर दिल्ली तक साथ चलते हैं फिर फर्क होने लगता है। अंत में उसकी लैंडिंग पाकिस्तान में होती है 360 में से सिर्फ 1 डिग्री घूम जाने से अंत में उसमें इतना बड़ा फर्क पड़ जाता है। हम कहते हैं न एक कचोरी से क्या होगा, एक चाय से क्या होगा यह एक चाय बाद में बहुत बड़ा फर्क डाल देती है। बाद में पता चलता है शुगर हो जाती है याद रखें हर चीज समय के साथ कम्पाउडिंग होती है।

जीवन बदलने के लिए किसी ग्रंथ शास्त्र, बड़ी-बड़ी पुस्तकें पढ़ने की जरूरत नहीं है इन ग्रन्थों या पुस्तक की एक लाइन पूरी जिंदगी को बदल सकती है बस आप उससे प्रभावित होकर इंप्लीमेंट करें। बदलाव क्षण भर में होता है जब आपका मन में मान लें वहीं से बदलाव शुरू हो जाता है।

संगत आदत गुरु का जीवन में बहुत महत्त्व होता है अगर इनका सही चयन कर लिया तो ये आपको लाइफ में बहुत आगे ले जाएंगे अगर इनका गलत चयन कर लिया तो ये आपको बरबाद भी कर सकते हैं।

आत्मविश्वास से भरे रहने के लिए

1. खुद पर फोकस करें।
2. खुद से पॉजिटिव सेल्फ टॉक करें।
3. कंपेयर नहीं करें अंदर से अच्छा महसूस करें।
4. परिस्थितियों का सामना करें।
5. अच्छी आदतें अपनाएं।

हमारी आदतें हमारी संगत के कारण बनती हैं आदतें ही हमारा भविष्य बनाती हैं।

कमजोर आदतें कमजोर इंसान बनाते हैं और कमजोर व्यक्ति कमजोर किस्मत को बनाता है। एवं कमजोर किस्मत से कम मिलता है। इसलिए अपनी आदतें बदलें जिस दिन आपकी आदतें बदल जाएंगी आप बदल जाएंगे, आपकी किस्मत बदल जाएगी। खुश रहने की आदत बनाएं, अच्छे लोगों के साथ रहें पहले इंसान आदत को बनाता है फिर आदत इंसान को बनाती हैं इसलिए अच्छी आदतों का निर्माण करें।

“कुछ बदलेगा तभी जब आप बदलेंगे कुछ सुधरेगा तभी जब आप सुधरेंगे।”

जिंदगी बदलनी है तो कुछ करना होगा हमारी तरक्की इसलिए नहीं होती क्योंकि हम डिफोल्ट डिसीजन लेते हैं। पेन लेना नहीं चाहते याद रखें नो पेन नो गेन बिना तकलिफ उठाये कुछ प्राप्त नहीं होता है।

जैसे

- जल्दी उठने की आदत नहीं डालोगे तो लेट उठने की आदत अपने आप बन जाएगी यह डिफोल्ट डिसीजन है।
- जो जानबूझकर पैसा बचाने की आदत नहीं डालेगा उसकी अनजाने में खर्च करने की आदत बन जाएगी।
- जो जानबूझकर बिजनेस नहीं बनाएगा वह अनजाने में नौकरी में रहने की आदत डाल रहा है।
- जो जानबूझकर बड़ा सोचने की आदत नहीं डाल रहा है वह अनजाने में छोटा सोचने की आदत डाल रहा है।
- जो जानबूझ कर पॉजिटिव रहने की कला नहीं सीख रहा है वह अनजाने में नकारात्मक रहने की आदत बढ़ा रहा है।
- जो जानबूझ कर लोगों की मदद नहीं कर रहा है वह अनजाने में खुदगर्ज बन रहा है।

जानबूझ कर अच्छी आदतें नहीं लगाईं तो अनजाने में बुरी आदतें लग जाएंगी। सफल होने के लिए जानबूझ कर अच्छी आदतें लगानी पड़ेंगी। कुछ अच्छा करना पड़ेगा नहीं तो अनजाने में गलत आदतें लग जाएंगी। क्योंकि प्रकृति में कुछ चीजें स्वतः हो जाती हैं। पढ़ने के लिए स्कूल है लेकिन अनपढ़ रहने के लिए अलग से कोई स्कूल नहीं, स्वतः व्यवस्था है।

सफल लोगों की 5 आदतें

1. **शीघ्र निर्णय**- आपका जीवन आपके निर्णय का नतीजा है सफल लोग कैलकुलेशन करते हैं वह भविष्य को देखकर निर्णय लेते हैं। अधिकांश की वर्तमान परिस्थिति अच्छी नहीं होती। 95 प्रतिशत मध्यम वर्ग वर्तमान के हिसाब से निर्णय लेते हैं, जबकि अमीर लोग भविष्य की संभावना के आधार पर निर्णय

लेते हैं उनकी भी प्रजेंट सिचुएशन खराब होती है फिर भी भविष्य आधारित डिसीजन लेते हैं।

याद रखें अक्सर वर्तमान सिचुएशन सबकी खराब होती है पर उस खराब परिस्थिति में भी जो भविष्य की संभावनाओं को देखकर निर्णय लेते हैं वह जीत जाते हैं।

"सोच को इतना भी गहरा मत करो कि सोच गहरी हो जाए और फैसले कमजोर हो जाएं।"

अगर आप निर्णय लेकर फेल हो गए हो तो कुछ सीखने को मिलेगा पछतावा नहीं रहेगा क्योंकि निर्णय आपका था। कुछ करके पछताये तो तुजुर्बा मिलेगा पर बिना कुछ किये पछताये तो जीवन भर मलाल रहेगा। अब निर्णय लेना शुरू कीजिए जब-जब आप निर्णय नहीं ले रहे हैं तब-तब आप निर्णय ले रहे हैं निर्णय नहीं लेने का निर्णय।

जितने भी बड़े निर्णय हैं वह आज की आवश्यकता के आधार पर मत लो।

2. **रणनीतियों के साथ खेलना**- बड़े लोग रणनीतियों के साथ खेलते हैं इनका लक्ष्य इतना महत्त्वपूर्ण होता है नजर लक्ष्य पर ही रहती हैं अगर लक्ष्य प्राप्त करने में कोई कठिनाई आ जाये तो लक्ष्य को नहीं बदलते बल्कि लक्ष्य तक पहुँचने की रणनीति बदलते हैं। एक रास्ते से लक्ष्य पर नहीं पहुँच पा रहे हैं, तो दूसरे रास्ते से कोशिश करते और लक्ष्य तक पहुँचते हैं। यह लोग सोचते हैं मंथन करते हैं ये खुद के साथ समय निकालते हैं। बिल गेटस् हर साल 1-2 वीक थिंकिंग के लिए निकालते हैं।

"विकल्प बहुत मिलेंगे भटकाने के लिए, संकल्प एक ही काफी है मंजिल को पाने के लिए।"

3. **अपनी सीमा से ज्यादा करते हैं**- हर लिमिटेशन अपने माइंड की होती है, यह हट गई तो इंसान कुछ भी कर सकता है इसलिए लिमिटेशन को हटाने के लिए शिद्दत से कर्म करना होगा
4. **सफल लोगों का अनुसरण करते हैं**- जो आप करना चाहते वह कॉपी करो जो उस फील्ड के शिखर पर पहुँचा है उसको कॉपी करो, सेम टू सेम फिर सफलता मिलना शुरू हो जाएगी। सफल व्यक्ति को आंख बंद करके फॉलो करो सफल होने के लिए सफल लोगों की आदतें अपनाओ।

5. **गहन निरीक्षण**- लोगों को देखते हैं और अवलोकन करते हैं सीखते हैं अवलोकन अमीर लोगों की बहुत अच्छी आदत है। ओब्जरवेशन का मतलब है किसी की कोई अच्छाई पंसद आ जाये तो उसको अपनाओ, हमेशा सीखते रहो, बड़े लोग कैसे कपड़े पहनते हैं, कैसे बोलते हैं उनसे सीखो।

अगर सही आदतों को दिनचर्या का हिस्सा बना लें तो साधारण व्यक्ति भी असाधारण सफलता पा सकते हैं। ऐसा कोई व्यक्ति नहीं है जो नित्य अच्छी आदतों के पालन एवं अभ्यास से अपने जीवन को न बदल सके।

दिन निकलने से पहले उठना बेहतर होता है क्योंकि ये आदतें स्वास्थ्य, धन और बुद्धि में योगदान देती हैं।- अरस्तू

कुछ अच्छी आदतें

1. **कार्य पूर्ण करना**- अगर मोबाइल में 10 एप्लीकेशन ओपन होंगी तो वह मोबाइल की बैटरी, नेट को खाएगी इससे मोबाइल की स्पीड कम होगी मोबाइल प्रॉपर वर्क नहीं कर पाएगा इसी तरह हमारे मन में कई तरह के विचार चलने से दिमाग की ऊर्जा कम करते हैं इसलिए जो टास्क कंप्लीट कर सकते हो कंप्लीट कर दो अगर वह माइंड में रहेगा तो दिमाग की ऊर्जा खाएगा इसलिए उस टास्क को कंप्लीट करके फाइल क्लोज कर दो।

जैसे अगर मन में घूमने का विचार आ रहा है, आप कुछ भी काम करते हो तब यह विचार आ जाता है, इसके बारे में सोचते हैं या तो घूम कर आ जाएं या एक निश्चित दिनांक तय कर दीजिए इस दिनांक को घूमने जाऊंगा, फिर यह विचार बार-बार नहीं आएगा।

2. **आशीर्वाद देना**- जीवन में जो आप बढ़ाना चाहते हैं उसे आशीर्वाद देना शुरू किजिए। हमारे जीवन में 99 प्रतिशत परेशानियाँ पैसा, रिश्ते एवं हैल्थ से सम्बधित होती हैं। इन परेशानियों को दूर करने के लिए इन्हें आशीर्वाद दें। हम सोच बदल कर रिश्तों में सुधार कर सकते हैं। व्यायाम करके स्वास्थ्य को सुधार सकते हैं। प्रबल कर्म करके पैसा कमा सकते हैं।
3. **सुनना**- सुनना दुनिया की सबसे बड़ी कला है। आप किसी मनोवैज्ञानी के पास जाते हैं या किसी काउंसलर के पास जाते हैं, हजारों रुपए की फीस देते हैं। वह 80 प्रतिशत समय आपको सुनते हैं कोई आपको धीरज से सुन भी ले तो

आपको रिलीफ हो जाती है। यदि आपको लोगों का विश्वास जीतना है तो उन्हें सुने, हम सुनने वाले को ही सबसे अच्छा दोस्त मानते हैं जो हमारी बात को बिना मीन-मेख निकाले सुने, अगर कोई सुनते समय बार-बार हमारी बात को काटे तो वह हमें अच्छा नहीं लगता। जब तक आप सुनेंगे नहीं आप किसी को समझ नहीं पाएंगे।

4. **सेलिब्रेट करना**- सेलिब्रेट करने के लिए कोई कारण नहीं होना चाहिए अपनी अंगुली उठायें और नाक के नीचे रखें, अगर सांस आती-जाती महसूस हो रही है तो सेलिब्रेट करें, आप जिंदा हैं।

आदत एक पैटर्न है आप जैसे लोगों और जैसे वातावरण में रहने लगेंगे वैसे नए पैटर्न बनेंगे।

स्वास्थ्य पर ध्यान दें, अपने शरीर को मंदिर समझें। इसमें हर कुछ भी नहीं डालें। यह कचरे का डिब्बा नहीं है। इसलिए हैल्थी चीजों का उपयोग करें, भूख होने पर खाएं, अगर भूख नहीं है या इच्छा नहीं है तो कोई भी मनवार कहे तब भी नहीं खाएं। तला हुआ एवं मीठे का उपयोग लिमिटेड करें। इनसे हमारी हैल्थ खराब होती है। आजकल लाइफ स्टाइल बीमारियाँ लाइफ स्टाइल पैटर्न के कारण हो रही हैं उदाहरण डायबिटीज, डिप्रेशन।

किसी की बुराई करना, किसी की शिकायत करना, किसी की तरक्की से जलना आदि गलत आदतें हैं इनको आज से ही बदलें।

आदत बदलने के आसान तरीके

1. **मन बना लो**- क्या सच में आप किसी आदत को बदलना चाहते हैं तो फिर कठोर निर्णय लेना होगा। उच्च मानक स्थापित करने होंगे। अगर कोई कुछ करने का निर्णय कर लेता है तो वह हो जाता है। रिपीटेशन इज द मदर ऑफ ऑल लर्निंग।
2. **वचनबद्ध**- आपके सोशल मीडिया पर कमिट कर दो कि इस दिनांक को मैं यह करने वाला हूँ, फिर लोग आपको पूछेंगे, डर रहेगा और आप उस पर काम करेंगे। कमिट करने से मन से काम होने लगता है।
3. **अल्पावधि लक्ष्य निर्धारित करें**- एक महीने में मुझे इतना वजन कम करना है, एक महीने में मुझे दो बुक पढ़नी है, क्योंकि छोटे-छोटे लक्ष्य पूरे होने से आत्मविश्वास बढ़ेगा और आप बड़े लक्ष्य पूरा कर पाओगे।

4. **जीत का माहौल बनायें**- एक ऐसा माहौल जहां पर आप जीत सकें हार नहीं मानें। किसी ऐसे ग्रुप को ज्वाइन किजिए या ऐसी एक कम्युनिटी को ढूँढिये जहां सभी लोग उस एक्टिविटी पर ध्यान दे रहे हों। उदाहरण वजन कम करना है तो मॉर्निंग वॉक ग्रुप।
5. **टेक मेंसिव एक्शन**- इन्वायरमेंट ज्वाइन करने के बाद आप अपने काम में जबरदस्त एक्शन लें फिर कुछ दिखाई नहीं देना चाहिए। सिंगल माइंडेड एक्शन लेना है कॉन्फिडेंस के साथ। पूरे तन मन धन से एक्शन लो यह मत सोचना होगा या नहीं, कर्म पूरी शिद्दत से करो, रिजल्ट तो आना ही आना है। कर्म करते रहो फल की चिंता मत करो।

आदतें दुधारी तलवार हैं। बुरी आदतें आपको बर्बाद कर सकती हैं और अच्छी आदतें आपको कामयाब बना सकती हैं।

आदतें आपके सुधार का चक्रवृद्धि ब्याज होती हैं जिस प्रकार धन चक्रवृद्धि ब्याज से कई गुना हो जाता है उसी प्रकार आपकी आदतों का प्रभाव बार-बार दोहराने से बढ़ता जाता है, आप अपनी आदतों को बदल सकते हैं। आपकी आदतें एक दिन आपको बदल देंगी, इसलिए अच्छी आदतों का निर्माण करें। छोटे-छोटे सुधार एकत्रित होकर बड़े नतीजे दे सकते हैं।

आप प्रतिदिन 1 प्रतिशत बेहतर होते हैं तो पूरे वर्ष में आप 37 गुना बेहतर बन जाते हैं। हम अक्सर छोटे बदलावों को नजरअंदाज कर देते हैं क्योंकि वह उस पल इतने उल्लेखनीय नहीं दिखते हैं परन्तु उनका परिणाम धीरे-धीरे पता चलता है उदाहरण चाइनीस बांस की पहले पांच वर्ष ऊपरी बढ़वार नहीं होती है क्योंकि वह जमीन में जड़ें मजबूत करता है फिर अगले छः हफ्ते में नब्बे फिट बढ़ जाता है।

अच्छी आदतों के निर्माण का प्रभावी तरीका यह है कि आप ऐसे माहौल या संगत में शामिल हो जाएं जहां आपका इच्छित व्यवहार सामान्य हो नई आदत बनाना तब आसान हो जाता है। जब आप दूसरों को हर दिन करते हुए देखते हैं। उदाहरण आप फिट लोगों के साथ रहते हैं तो आपकी व्यायाम करने की संभावना अधिक होगी। आदत निर्माण एक प्रक्रिया है, जिसमें वह व्यवहार अभ्यास के कारण धीरे-धीरे ज्यादा स्वचालित होने लगता है।

किसी बुरी आदत को समाप्त करने का सबसे आसान तरीका है उसे अव्यवहारिक बना दिया जाए इतने अवरोध पैदा कर दो कि आपके पास उसे करने का विकल्प ही नहीं रहे। अगर आप टीवी की लत छोड़ना चाहते हो तो अपने शयनकक्ष से टीवी हटा दें, टीवी का कनेक्शन ही कटवा दें।

एक बात ध्यान रहे अच्छी आदतों की कीमत वर्तमान में निहित होती है बुरी आदतों की कीमत भविष्य में छिपी होती है। हमारी बुरी आदतों के तत्काल परिणाम हमें अच्छा एहसास कराते हैं लेकिन परिणाम बुरा होते हैं एवं अच्छी आदतों के तात्कालिक परिणाम आंनददायक नहीं होते हैं लेकिन अतिंम परिणाम अच्छे होते हैं। उदाहरण जंक फूड आपको तत्कालिक अच्छे स्वाद का एहसास कराते हैं पर बाद में आपका स्वास्थ्य खराब होने लगता है, व्यायाम करने से आपको तकलीफ होती है पर बाद में आपका शरीर फिट रहता है।

ध्यान रहे सफलता में सबसे गंभीर खतरा उब जाना है, असफलता नहीं।

करोड़पति बनते हैं लोग अपनी आदतें करोड़पति जैसी बनाकर, एथलिट बनता है अपनी आदतें बड़े एथलिट जैसी बनाकर, आपको कुछ भी अच्छा करना है तो सबसे पहले आदतें अच्छी पकड़नी होंगी।

जीवन में छोटे-छोटे निवेश करते रहें एक दिन बहुत बड़ा फायदा होगा।

प्रगति का सिद्धांत- यदि आप तरक्की नहीं कर रहे हैं तो आप पिछड़ रहे हैं। अगर आप रोड पर एक जगह खड़े हैं तो आप तेजी से पीछे जा रहे हैं क्योंकि पीछे से आने वाला तो निरंतर चल रहा है वह आपसे आगे निकल जाएगा आप उसी जगह पर खड़े हैं तो पीछे होते जा रहे हैं क्योंकि दूसरे लगातार चल रहे हैं वे आपसे बहुत आगे पहुँच जाएंगे आप पिछड़ते ही रह जाओगे।

तरक्की को अपनी नम्बर वन प्राथमिकता बनाना ही आपका उद्देश्य होना चाहिए ताकि आगे आने वाला कल थोड़ा बेहतर हो सके। लर्न मोर, डू मोर, बी मोर ज्यादा सीखों, ज्यादा करो तो बदले में ज्यादा मिलेगा।

एक व्यक्ति की आदत थी कि वह हर रोज सभी परिचित लोगों से नमस्कार करता था लेकिन एक आदमी उसके नमस्कार का जवाब गाली से देता था। एक दिन किसी ने उस व्यक्ति से पूछा वह आदमी तुम्हें गाली देता है फिर भी तुम उसे नमस्कार क्यों करते हो तो उस नेक इंसान ने कहा जब वह मेरे लिए अपनी बुरी आदत नहीं छोड़ सकता तो मैं उसके लिए अपनी अच्छी आदत क्यों छोड़ दूँ।

हमारी सोच या किसी काम को करने के तरीके में थोड़ा-सा भी बदलाव हमारे प्रदर्शन में निखार ला सकता है।

जो समय गंवाता जा रहा है उससे ज्यादा अपना नुकसान कोई नहीं कर रहा है।- आचार्य प्रशांत

किसी गलती से सीखने के लिए हमें पहले उसे स्वीकार करना होता है और हम यहीं पर पीछे हट जाते हैं। हम अपनी गलती के लिए प्रायः दूसरों को दोषी ठहरा देते हैं। यह इसकी वजह से हुआ या इसने किया, याद रखें एक अच्छा लीडर गलती को स्वीकार करता है और उससे सीखता है, उसे सुधरता है न कि किसी दूसरे पर इल्जाम लगाकर फ्री हो जाता है। चाहे कोई भी गलती हो जाये उसे बेझिझक स्वीकार करें। गलती मान लेने से आधा अपराध क्षम्य हो जाता है। हम इंसान हैं गलती हो जाती है। हम उसे सुधार सकते हैं। खुद की गलती मान लेना अच्छी आदत है। इसके लिए बहुत अनुशासन चाहिए।

लोगों की तीन विशेषताएं और तीन कमजोरियां सुनानी हों तो हमें याद है पर हमें खुद की विशेषताएं और कमजोरियां सुनानी हों तो हमें मुश्किल लगता है ऐसा क्यों, क्योंकि हम खुद से ज्यादा दूसरों का चिंतन करते हैं। अपना फोकस दूसरों से हटाकर खुद पर केंद्रित करें। विशेषताएं बढ़ेंगी कमजोरियां घटेंगी, स्व चिंतन ही स्व परिवर्तन की सीढ़ी है।

सफल होने वालों के भीतर ऐसे काम करने की आदत होती है जो असफल होने वाले करना पसंद नहीं करते।- अल्बर्ट ई.एन.ग्रे

सफल व्यक्तियों को ऐसे काम करने की आदत होती है जिन्हें असफल व्यक्ति करना पसंद नहीं करते हैं। यह जरूरी नहीं है कि सफल लोगों को भी वह काम करना पसंद हो परन्तु उनकी नापसंदगी के आगे उनका लक्ष्य सर्वोपरी होता है। सुबह जल्दी उठना पसंद नहीं फिर भी उठते हैं। याद रखें हमको सफलता उन्हीं कामों को करने से मिलेगी, जो हमें पसंद नहीं।

❖❖

6.
चैंपियन की तरह सोचें

जब कोई चीज असंभव सी लगने लगे और आप हथियार डालने ही वाले हों, तो मानकर चलिए कि जीत के करीब हैं।- टोनी रॉबिन्स

"सफलता मन की एक अवस्था है यदि आप सफलता प्राप्त करना चाहते हैं तो स्वयं को एक सफल व्यक्ति मानना शुरू कर दो"।- डॉक्टर जोइल ब्रदर

एक बार बराक ओबामा ने ट्रंप की भरी सभा में बेइज्जती कर दी वह उस सभा से निकल गए और ठान लिया अगला राष्ट्रपति मैं बनूंगा और राष्ट्रपति बन कर दिखाया। एक सोच से बहुत कुछ किया जा सकता है।

कोई चीज वहीं तक मुश्किल है जब तक आप उसे करने की ठान नहीं लेते।

एक बार मोहम्मद अली 17 साल की उम्र में कॉलेज में बॉक्सिंग करते हुए एक मैच जीते, फिर उस मैच के बाद उन्हें स्टेज पर बुलाया गया। इस इवेंट के बाद लोगों ने उनके ऑटोग्राफ लिए। उन्होंने लोगों से कहा आज ले लो, 22 की उम्र में बहुत बड़ा चैंपियन बन जाऊंगा। फिर आप मेरे से मिल नहीं पाओगे और एक दिन वे बहुत बड़े चैंपियन बन गए। वह मैच से पहले खुद को कहते आई एम द ग्रेटेस्ट। यह बड़ी सोच है। बड़ा सोचना चाहिए। बड़ा सोचना भी एक मांस पेशी की तरह है यह धीरे-धीरे बढ़ता है जैसे-जैसे अनुभव बढ़ता जाता है। बड़ा सोचोगे तभी बड़े बनोगे इसलिए आज से ही बड़ा सोचना शुरू कीजिए।

मुझे प्रशिक्षण का हर लम्हा अखरता था पर मैंने कहा अभी पीछे मत हटो अभी पीड़ा सह लो और जीवन भर एक विजेता की तरह जियो।- मोहम्मद अली

दुनिया के बेहतरीन खिलाड़ियों के पास अपने प्रतिस्पर्धी से कम काबिलियत थी पर अपनी असाधारण लगन, प्रतिबद्धता एवं अभ्यास ने उन्हें आदर्श बनाया।

मदर का एक्सीडेंट हो जाने पर भी वह हॉस्पिटल से रोज प्रैक्टिस करने जाती थी। पापा कहते थे बेटा, यह खेलने का टाइम नहीं है, मां के पास रहने का समय है, दुआ करने का समय है, तब वह कहती थी मैं बैडमिंटन कोर्ट पर दुआ करने जा रही हूँ, मां का सपना है कि मैं चैंपियन बनूँ। एक बार वह विदेश दौरे पर जाती हैं और चैंपियन बनकर घर पर फोन करती हैं और मां को होश आ जाता है- साइना नेहवाल।

हमारे पास जीत का जश्न मनाने के लिए अनंत काल होगा लेकिन उस जीत के लिए सूर्यास्त से पहले कुछ घंटे भर हैं।- एमी कारमाइकल

एक बार सम्राट चंद्रगुप्त ने चाणक्य को कहा, आचार्य मुझे भारत का चक्रवर्ती सम्राट बनने के लिए कितने पापड़ बेलने पड़ रहे हैं घरवालों से दूर हूँ, युद्ध करने पड़ रहे हैं, जंगलों में रातें काटनी पड़ रही हैं, टेंटों में रहना पड़ रहा है और तो और कई कत्लेआम भी देख रहा हूँ। कितनी सारी चुनौतियां और षड्यंत्र देख रहा हूँ, काश ये आसान होता। चाणक्य ने कहा, अगर यह आसान होता तो हर कोई भारत का चक्रवर्ती सम्राट बन जाता।

जो प्रशिक्षण में जितना ज्यादा पसीना बहाता है, उसका युद्ध में उतना ही कम खून बहता है।- स्पार्टन योद्धाओं का मंत्र

जिंदगी आसान नहीं होती इसे आसान बनाना पड़ता है। साधारण बने रहने का कारण है इसमें एफर्ट्स नहीं लगते हैं। लाखों-करोड़ों लोग साधारण बनकर रह रहे हैं क्या असाधारण बनना मुश्किल है। यह साधारण बने रहने से ज्यादा आसान है। साधारण बने रहना ज्यादा मुश्किल है क्योंकि इसमें हर पल, हर जगह एडजेस्ट करना पड़ता है। हर जगह अपनी इच्छाओं को मारना पड़ता है। असाधारण बनने में लगता है 5 वर्ष का एफर्ट लेकिन हर जगह एडजेस्ट नहीं करना पड़ता है। एक बार यात्रा वहां तक पहुँच जाती है फिर खुला आसमान होता है उड़ने के लिए पूरी कायनात आपके पास होती है क्योंकि हर आदमी यह नहीं कर पाता इसके लिए हौसला चाहिए।

जिस लम्हे में आप हार की कगार पर होते हैं, यह वही लम्हा होता है जब आप आगे बढ़ने की राह खुद में खोज सकते हैं।

आदमी रोता रहता है कि मेरे पास पैसा नहीं है, इसलिए मैं यह नहीं कर पाया अरे बहुत के पास पैसा है, फिर भी कुछ नहीं कर पा रहे हैं। करने वाला तो बिना

संसाधन के भी कर लेता है। सबसे बड़ी ताकत भावनात्मक ताकत होती है अगर हमारे पास ये ताकत नहीं है तो हम कुछ नहीं कर पाते हैं। भावनात्मक ताकत सबके पास है इसे मिनट में अप किया जा सकता है।

अगर वह कर सकते हैं तो मैं भी कर सकता हूँ। वह भी इंसान है और मैं भी इंसान हूँ तो फर्क क्या है? फर्क है तो सिर्फ सोच का इंसान को सिर्फ जगाने वाला चाहिए एक मोटिवेशन की चिंगारी से भी इंसान बुलंदी को छू सकता है। खुद को मोटिवेट करें। कौन कहता है जिंदगी नहीं बदल सकती, क्या आपने शिद्दत से प्रयास किया है। एक प्रयास तो शिद्दत से करके देखो।

चैंपियन समझते हैं कि सफलता का क्रम बनना, करना, होना है। जबकी साधारण लोग मानते हैं कि सफलता का क्रम होना, करना, बनना है।

साधारण लोग मानते हैं अगर मेरे पास बहुत पैसा होता तो मैं जो चाहता हूँ वह कर सकता हूँ और सफल हो सकता हूँ लेकिन चैंपियन समझते हैं अगर मैं सफल व्यक्ति बन जाता हूँ तो मैं जो चाहता हूँ वह कर सकता हूँ।

साधारण आदमी कहता है मुझे सलमान खान जैसी बॉडी बनानी है मुझे अपनी जिंदगी को पूरी तरह से बदलना है। मुझे अच्छी फिट बॉडी चाहिए लेकिन पहले सारी कंडीशन पूरी होनी चाहिए। मेरे पास अच्छे जूते होने चाहिए, मेरे पास पैसे होने चाहिए डाइट एवं जिम के लिए, जिम मेरे घर के पास होनी चाहिए, मुझे सुबह कोई जल्दी उठाना चाहिए, कोई चैलेंज नहीं हो सब मेरे मुताबिक हो जिम की फिस मेरे हिसाब से हो, मशीनें भी नई होनी चाहिए इतनी कंडीशन मेरी पूरी हो गई तो मैं व्यायाम करके बॉडी बनाऊंगा ये साधारण आदमी का गेम है।

कंडीशन पूरी होनी चाहिए तब मैं यह करूंगा। वह सपने को मार रहा है इस रवैये को हटाना होगा। मेरी शर्त पूरी हों फिर मैं कुछ करूं इस शर्त को कोई पूरा नहीं करने वाला है। आपकी स्थिति के हिसाब से दुनिया में कुछ नहीं होगा।

अगर कुछ बहुत जरूरी है, तो उसके लिए कोशिश करें, भले ही आपको पता है कि उसमें आप फेल हो जाएंगे।- इलोन मस्क

कुछ लोग सोचते हैं पहले दस साल नौकरी करूंगा, घर को सेटल करूंगा, पांच लाख केश होंगे, फिर व्यवसाय करूंगा वह कभी व्यवसाय नहीं कर पाते। जिंदगी में

कुछ लोग कहते हैं यह कोर्स मंहगा है इसलिए अभी नहीं करूंगा, अरे तुम्हारा सपना मर रहा है, लोग क्या-क्या कर देते हैं अपने सपनों के लिए।

एक लड़के का सपना था हार्ले डेविडसन खरीदने का उसने अपनी किडनी बेच कर हार्ले डेविडसन खरीदी। हम हमारे सपने पूरे करने के लिए मेहनत, सतत प्रयास नहीं कर सकते क्या? थोड़े दिनों के लिए फालतू दोस्तों से दूर नहीं रह सकते क्या?

चैंपियन सोच

मैरीकॉम को सुबह उठकर 15-20 किलोमीटर दूर जाना पड़ता था, साइना नेहवाल का कोर्ट घर से 20 किलोमीटर दूर था। वह सुबह 3 बजे उठती थी, उसके पास अच्छे जूते नहीं थे, अच्छी डाइट नहीं थी, पर मन में जुनून था, सपना था, सपने के प्रति जुनून से मेहनत करती थी, कभी कोई बहाना नहीं। यह लोग अपने दिमाग में पहले ही बन जाते हैं जो उन्हें बनना होता है।

साइना नेहवाल मूवी में बताया गया कोच ने प्रथम दिन एक सवाल पूछा, तुम लोगों में से किसे विश्वास है कि एक दिन चैंपियन बनेगा तो सिर्फ एक हाथ खड़ा हुआ था वह साइना नेहवाल का था। जिसे खुद पर विश्वास है वह चैंपियन बन जाता है।

यह चैंपियन लोग अपने माइंड में पहले ही बन जाते हैं कोई भी चीज पहले माइड में होती है फिर हकीकत में होती है। वह दिमाग में चैंपियन बन जाते हैं तो एक्शन अपने आप होता है, उसके बाद उनकी बॉडी अपने आप चलती है एक लेवल बाद बॉडी गिव अप कर लेती है तो मन कहता है थोड़ी और प्रैक्टिस करते हैं।

जब थक जाए तो यह सोंचे कि लक्ष्य तक पहुंच कर कितना अच्छा लगेगा।

माइंड में पहले ही क्रिएट कीजिए अपनी सफलता को, आपको जिस भी फील्ड में सफल होना है उस क्षेत्र में सफल होने वाले को फॉलो करें, उनको देखें, उसका प्रोसेस देखें विजुलाइज करें माइंड में, सफलता क्रिएट करें। उसके बारे में पढ़ो उस तरह की चीजें देखो। उसके हिसाब से कार्य करो पावरफुल एक्शन लो। रिजल्ट अपने आप मिल जाएंगे।

एडम हिलरी सबसे पहले एवरेस्ट पर चढ़ा फिर कितने ही लोग चढ़ गए हम सब में पावर है हम पहली थकावट में रुक जाते हैं बॉडी गिव अप कर देती है

लेकिन फिर भी करते रहें तो बॉडी एडजस्ट हो जाती है और रफ्तार बढ़ती जाती है परफोरमेंस बढ़ जाती है।

हमारी कैंपेसीटी बहुत है इसलिए, हमें कम पर राजी नहीं होना चाहिए अर्थात कम पर नहीं रुकना चाहिए।

- पैसे को बढ़ाओ।
- अपनी काबिलियत को बढ़ाओ।
- अपनी ग्रोथ को बढ़ाओ।
- पोटेंशियल को बढ़ाओ।
- बुक रीडिंग बढ़ाओ।
- अपनी हेल्थ को इंप्रूव करो।
- अपनी संपति बढ़ाओ।

असंभव अपने आप में संभव है। अगर आप हार नहीं मानते हैं तो एक दिन जीत जाएंगे। सफलता एक दिन में नहीं मिलती लेकिन एक दिन जरूर मिल जाती है। सफलता उन्हीं लोगों को मिलती है जो लगातार मेहनत करते रहते हैं असफलता मिलने के बाद भी निराश हुए बिना अपने काम में लगे रहते हैं।

अपने घर में कोई शादी या कोई प्रोग्राम होता है तो हम दो-चार दिन बिना सोये बिना थके निकाल देते हैं। सुपर एक्टिव रहते हैं जैसे ही शादी या प्रोग्राम पूरा होता है हम थक जाते हैं अब कुछ नहीं कर सकते। लेकिन उस वक्त भी कोई अर्जेंट काम आ जाए तो हम 2 दिन और भागदौड़ करके काम कर लेंगे।

आप तब तक कभी भी अपनी ऊर्जा को खत्म नहीं करते हो जब तक आप सोच नहीं लेते हो कि मेरी ऊर्जा खत्म हो गई है। जब आप सोचोगे मेरी ऊर्जा खत्म हो गई तब समझ लीजिए जितनी ऊर्जा अभी तक आपने इस्तेमाल की है उतनी ही ऊर्जा आपमें अभी भी बची है या इससे ज्यादा भी हो सकती है।

आप ऑफिस से घर आते हैं, मम्मी कहती हैं मार्केट से दूध लेकर आओ। आप कहते हैं मैं बहुत थक गया हूँ मुझसे कुछ नहीं होगा। आपने घोषणा कर दी एक कदम भी आपसे चला नहीं जाएगा आप इतने ज्यादा थक गए हो, लेकिन उसी समय आपके पीछे एक खतरनाक कुत्ता छोड़ दिया जाए तो आप उसको क्या बोलोगे मैं थक गया, मैं बिलकुल भी भाग नहीं सकता, तुझे जिधर काटना हो काट ले क्या

आप ऐसा बोलेंगे? नहीं न! आप तुरंत भागोगे, स्पीड से भागोगे 1 मिनट पहले आप चल नहीं पा रहे थे, 1 मिनट बाद आप भागने लगे या आपके बॉस फोन कर दें कि 10 मिनट ऑफिस आना जरूरी काम है तो आप जाकर आते हैं। दोस्तों कैसे होता है यह हमारे पास हमेशा रिर्जव पावर होता है।

चैंपियन लोग

1. **निर्णय लेते हैं**- निर्णय लेते वक्त भी आप निर्णय लेते हैं और निर्णय नहीं लेते वक्त भी आप निर्णय लेते हैं। निर्णय नहीं लेने का निर्णय दोनों ही निर्णय हैं। चैंपियन एक बार निर्णय लेने के बाद पीछे नहीं देखते बस यह सोच लेते हैं जो होगा देखा जायेगा।
2. **खुद पर दया नहीं करते**- एक बार डिसीजन ले लिया फिर खुद पर दया मत करो। जब तक लक्ष्य या काम पूरा नहीं हो जाए अपने ऊपर दया मत करो जिसके अंदर हिम्मत है उसकी भगवान सहायता करते हैं, इतने वर्ष आलस्य कर लिया बहुत दया कर ली, अब दया मत करो अपने लक्ष्य पर काम करो। जब सब छोड़ देते हैं तब चैंपियन थोड़ा एक्स्ट्रा करते हैं।

याद रखो "बुरा वक्त बिना कुछ किए ही आ जाता है अच्छा वक्त लाने के लिए बहुत कुछ करना पड़ता है।"

- जैसे रात भर पढ़ना पड़ता है।
- कुछ सीखना पड़ता है।
- लगातार काम करते रहना पड़ता है।
- रातों की नींद को त्यागना पड़ता है।
- कठीन अभ्यास करना पड़ता है।

आपने सुना ही होगा कुछ पाने के लिए कुछ खोना पड़ता है और वह खोना है अपने आप पर तरस खाना एवं आराम खोना।

3. **जिद्दी होते हैं**- इतने जिद्दी हैं कि इनको ये भी फर्क नहीं पड़ता कि लोग क्या सोचेंगे विराट कोहली ने अपने पिता की डेड बॉडी घर में छोड़कर क्रिकेट खेला। ये पागलपन नहीं है तो क्या है। पिता का मृत शरीर घर में पड़ा है वह दिल्ली फिरोजशाह कोटला में रणजी में रन बना रहे हैं, कहना बहुत आसान होता है पर करना बहुत मुश्किल होता है। हमको जुखाम हो जाता है तो हम काम पर नहीं जाते हैं।

दोस्तों के साथ शराब पीना, पार्टी करना यह तो गया गुजरा कोई भी नत्थू खैरा कर सकता है। हमें इन लोगों की श्रेणी में नहीं रहना है। हमें चैपियन लोगों की श्रेणी में रहना है। जो अपने लक्ष्य को पाने के लिए मोज-मस्ती को, आलस्य को छोड़कर पसीना बहाते हैं।

हम किस केटेग्री में जा रहे हैं आलसी आदमी टीवी देख सकता है, हमें ऐसी श्रेणी में नहीं जाना है, यह तो आसान काम है। हमें तो कुछ ऐसा कमाल का काम करना है। छोटे एक्शन से आदमी छोटा ही रहता है। हमें बड़े एक्शन लेना है टीवी देखना छोटा एक्शन है, हमें बड़ा एक्शन कुछ सीखने का या किसी गलत आदत को छोड़ने का लेना है। यह हर कोई नहीं कर सकता इसमें ऊर्जा लगती है, बुखार होने के बाद भी अभ्यास करना यह चैंपियन ही कर सकते हैं, सचिन तेन्दुलकर बुखार होने के बाद भी अभ्यास नहीं छोड़ते थे।

“जो खुद जलेगा वही दुनिया को रोशन करेगा, जो खुद टूटेगा दुनिया को जोड़ेगा।”

एक रन बचाने के लिए खिलाड़ी छलांग लगा देते हैं अपने शरीर की परवाह किये बिना, भारतीय महिला क्रिकेट टीम की हरलीन देओल द्वारा इग्लैंड की एमी जॉन का कैच और हम हमारी जिंदगी बनाने के लिए छः महीने अच्छी तैयारी नहीं कर सकते क्या, झूठे दोस्तों से दूर नहीं हो सकते क्या। नीरज चोपड़ा ने कितने साल मेहनत की होगी उस एक मिनट की परफॉरमेंस के लिए।

सफलता की नम्बर वन कुंजी क्या है... अंदर की पावर (दृढ़ इच्छा शक्ति) मैंदान में हारा हुआ फिर से जीत सकता है परंतु मन से हारा हुआ कभी जीत नहीं सकता इसलिए आपका आत्मविश्वास ही आपकी पूंजी है।

बड़ी जीत के लिए आपको कभी।-कभी बड़े जोखिम उठाने पड़ते हैं।- बिल गेट्स

आपका बीता हुआ कल कितना भी बुरा हो आप फिर से शुरुआत कर सकते हैं। शुरुआत तो करो रास्ते अपने आप मिल जायेंगे, एक दिन अपनी मंजिल तक जरूर पहुँच जाओगे।

याद रखें असफलता के हजारों बहाने होते हैं, पर एक भी अच्छा कारण नहीं होता।

बड़ी उपलब्धि के लिए बड़े समय की आवश्यकता होती है। रातो-रात अर्थात एक दिन में कुछ नहीं होता है लेकिन एक दिन जरूर हो जाता है। लगातार प्रयास करते रहें, एक दिन सफलता मिल जाएगी। पता है एक घर पांच महीने में बन जाता है लेकिन ताज महल बनने में बीस वर्ष लगते हैं।

❖❖

7.

संगत बदलें जीवन संवारे

बुरी संगत उस कोयले के समान होती है जो गर्म हो तो हाथ जला देता है, और ठंडा हो तो काला कर देता है।

जंगल में एक शेरनी प्रेग्नेंट थी। उसके पीछे एक शिकारी पड़ गया। शेरनी जान बचाने के लिए भागती है। अचानक प्रेग्नेंसी पीड़ा शुरू हो जाती है। वह एक चट्टान के पीछे छिपकर बच्चे को जन्म देती है और उसे घास-फूस से ढक कर जान बचाते हुए भाग जाती है। वहां से भेड़ों का झुंड गुजरता है उनको वहां हलचल एवं बच्चे की आवाज सुनाई देती है अरे शेर का बच्चा है! उस पर दया करके उसको अपने साथ ले लिया। उसे भेड़ का दूध मिलने लगा भेड़ों के साथ लालन-पालन होने लगा वह घास-फूस खाने लगा। वह उनके तौर-तरीके सीख गया। एक बार वह भेड़ों के साथ जंगल में घास चर रहा था अचानक एक शेर ने भेड़ों के झुण्ड पर हमला कर दिया भेड़ें भागने लगीं शेर का बच्चा भी भागने लगा। शेर ने देखा, यह शेर का बच्चा भेड़ों के बीच क्या कर रहा है? उसने भेड़ों को छोड़ा और शेर के बच्चे की तरफ दौड़ा, उससे पूछा, तू यहां क्या कर रहा है? अरे मुझे मत मारो मेरे दोस्तों के साथ जाने दो। शेर ने कहा, मैं तुझे नहीं मारूंगा, तू शेर है अरे नहीं, मैं तो भेड़ हूँ, मुझे जाने दो। शेर उसे पास के पानी के तालाब के पास ले गया उसे पानी में उसकी परछाई दिखाई और कहां तू शेर है, मेरे जैसा है तब उसे अहसास हुआ, वह शेर है। जैसी संगत में हम रहते हैं वैसे ही हम बन जाते हैं।

अगर जीवन में कुछ सीखना है तो अपने से उम्र में बड़े लोगों से दोस्ती करो या पैसे में बड़े या बड़ी सोच वाले या जो अनुभव में बड़े होने चाहिए, तो वह आपको सिखा पाएंगे। जब आप अपनी उम्र वाले से बात करोगे तो क्या बात होगी, वहां खाना खाने चलें, उस लड़की के नंबर दे, वह मूवी देखी, वह रिल भेजना मुझे। जब आप अपने से बड़ों से बात करोगे तो वह आपको दो चार अच्छी बातें

सिखाएंगे कि यह क्या पागलपंती कर रहा है, टाइम वेस्ट मत कर। बस अपने से सुपीरियर से सीखो चाहे वह उम्र में आपसे छोटा हो।

याद रखें बुरी संगत में बैठना खराब टाइम को न्यौता देना है।

धीरूभाई अंबानी ने यमन में पेट्रोल पंप पर नौकरी करना शुरू किया। शुरुआत से ही उनकी व्यवसाय करने में रुचि थी। व्यवसाय के प्रति उनके रुझान का अंदाजा इस बात से लगाया जा सकता है कि जब पेट्रोल पंप पर 300 रुपये महीने के हिसाब से नौकरी करते थे, उस दौरान वहां काम करने वाले कर्मचारियों को चाय महज 25 पैसे में मिलती थी लेकिन धीरूभाई वह चाय न खरीद कर पास में एक बड़े रेस्टोरेंट में एक रुपये में चाय पीने जाते थे। वह ऐसा इसलिए करते थे ताकि उस रेस्टोरेंट में आने वाले बड़े-बड़े बिजनेसमैन की बातें सुन सकें एवं व्यवसाय के गुण सिख सकें और वह भी बड़े बिजनेसमैन बनें। महान लोगों की संगत से आप में भी महानता के गुण आने लगते हैं।

दो शराबी दोस्तों ने शराब छोड़ने का निश्चय किया। अगले दिन वह मिले और उन्होंने कहा हमने तो शराब छोड़ दी, पर हम हमारे शराबी दोस्तों से मिलकर आते हैं वह शराब खाने में गए और वहां दोस्तों के साथ बैठ गए और कहा हमने शराब छोड़ दी है। शराबी दोस्त बोले शराब नहीं पीते हो पर चखना नमकीन तो चलेगा वे बोले हाँ। फिर शराबी दोस्तों ने कहा शराब नहीं पीते हो पर तुम्हारे सामने शराब की बोतलें तो रख सकते हैं उन्होंने कहा हाँ। फिर थोड़ी देर बाद गिलास में पैक बनने लगे तो फिर शराबी दोस्तों ने कहा तुम्हारे सामने गिलास तो रख सकते हैं न! वे बोले हाँ। शराबी दोस्त शराब पीने लगे फिर दोनों दोस्तों का मन होने लगा। उन्होंने कहा हम शराब नहीं पीते हैं पर एक-दूसरे को पिला तो सकते हैं और दोनों ने एक-दूसरे को शराब पिलाई।

गलत संगत से बर्बादी होती है एवं गलत आदतों को बढ़ावा मिलता है इसलिए ऐसी संगत से दूर रहें।

आप कौन हैं? इससे ज्यादा महत्त्वपूर्ण है आप कहां हैं?

कभी सोचा आपने कि एक ही चाय कप में अलग और कूल्हड़ में अलग स्वाद क्यों देती है? चाय एक ही है लेकिन दोनों की कीमत में जमीन आसमान का अंतर हो जाता है, दोनों के स्वाद में अंतर हो जाता है, ऐसा इसलिए होता है क्योंकि आप कौन हैं, इससे कहीं ज्यादा अहमियत इस बात की होती है कि आप कहाँ पर हैं,

किनके साथ हैं, याद रखिए आप जीवन में कितने ही प्रतिभावान क्यों न हों अगर आप सही संगत में नहीं रहते हैं तो आप उन बुलंदियों को नहीं छू सकते हैं जहाँ पर आपकी काबिलियत को होना चाहिए था और अगर आप बहुत काबिल हैं और आपकी संगत गलत है तो आपको अर्श से फर्श पर आने में देर नहीं लगेगी। जिंदगी में इस बात को गांठ बांध लीजिए काबिल होना जरूरी है लेकिन काबिल होने के साथ-साथ आप किस संगत में रह रहे हैं, वह भी बहुत जरूरी है। अच्छी संगत होगी तो आसमान की ऊँचाइयों को छू लेंगे।

जिम रॉन ने कहा, "आप उन पांच लोगों का एवरेज होते हैं जिनके साथ आप अधिकतर समय गुजारते हैं।"

एक बार सुकरात अपने कक्ष में आराम कर रहे थे। उनका एक मित्र आया और कहने लगा, आपको पता है अभी-अभी मैं हमारे मित्र के बारे में कुछ सुन कर आया हूँ। सुकरात ने कहा जरा ठहरो पहले यह बताओ क्या तुम विश्वास से कह सकते हो कि जो बात तुम मुझे बताने जा रहे हो वह शत-प्रतिशत सही है? मित्र ने न में गर्दन हिलाई, दरअसल मैंने लोगों से सुनी है। सुकरात ने कहा तुम मुझे बताने को उत्सुक हो क्या कोई अच्छी बात है? मित्र ने न में गर्दन हिलाई, यह तो बुरी बात है, उस मित्र की प्रतिष्ठा धूमिल हो गई। सुकरात ने कहा, क्या जो बात तुम कहना चाह रहे हो वह मेरे लिए उपयोगी है? नहीं ऐसा भी कुछ नहीं है, उस मित्र ने कहा। सुकरात ने कहा जो बात सच्ची न हो, अच्छी न हो, उपयोगी न हो उसे दूसरों को बताने में कोई भला नहीं, ऐसी बातें न सुनकर दूर रहना ही अच्छा है।

किसी को वही कहें जो सच्ची बात हो, अच्छी हो एवं वह उपयोगी हो। व्यर्थ की बात न करें तो ही अच्छा है।

हमारे व्यवहार को तय करने में माहौल की अदृश्य भूमिका रहती है। हम जिस माहौल में, जिस संगत में रहते हैं वह हमें प्रभावित करने लग जाता है। अगर माहौल अच्छा है तो हम अच्छाई की तरफ जाएंगे और अगर बुराई का माहौल है तो हम बुराई की तरफ जाएंगे। श्रेष्ठ विचारों को स्थायी करने का आसान तरीका है अच्छी संगत में रहें।

सीमित मनोरंजन ठीक है, लेकिन एक सीमा से ज्यादा गलत है। इसलिए ऐसा कुछ करें जिससे आपकी तरक्की हो मनोरंजन की जगह शिक्षा की तरफ जाना होगा।

रिच लोग कार में गाने नहीं सुनते हैं कुछ अच्छा पॉडकास्ट सुनते हैं, ऑडियो बुक सुनते हैं, खाना खाते वक्त कोई अच्छा मोटिवेशनल वीडियो देखते हैं क्योंकि इससे उनका लेवल बढ़ता है उनकी ग्रोथ होती है। जबकि गरीब लोग गाने सुनते हैं, कॉमेडी देखते हैं, फालतू के विडियो देखते हैं इनसे सिर्फ मनोरंजन होता है कोई सीख नहीं मिलती। इसलिए ऐसी संगत में रहें जो आपको तरक्की के लिए प्रेरित करे।

आप जैसा भविष्य में बनना चाहते हैं वैसे लोगों के साथ रहना शुरू कर दें। उनके गुण अपनाएं, उनकी तरह कर्म करें। आप भविष्य में वह बन जाएंगे जो आपने सोचा क्योंकि संगत बदलने से हमारी आदतें बदलने लगती हैं, हमारे विचार एवं कार्य बदलने लगते हैं। अगर आपको करोड़पति बनना है तो करोड़पति लोगों के साथ रहना शुरू करें। आपमें वह गुण आने लग जाएंगे, आपके कार्य वैसे होने लगेंगे और एक दिन परिणाम वैसे आने लग जाएंगे।

सफल होने के लिए अच्छी संगत का होना बेहद जरूरी है।

जमीन पर पड़ी रहने वाली बेल को पेड़ का संबल मिल जाता है, तो वह ऊंचाई छू लेती है। गलत के पीछे चलोगे तो गलत जगह पहुँच जाओगे और सही के पीछे चलोगे तो सही जगह पहुँच जाओगे। अपनी संगत का ध्यान रखें आप किसके साथ हैं।

एक नाव में 5 लोग यात्रा कर रहे थे बीच समुद्र में एक आदमी ड्रिल निकालकर अपनी कुर्सी के नीचे छेद करने लगा दूसरे लोगों ने उसे मना किया कि ऐसा मत कर, तो उसने कहा टिकट मैंने लिया मेरी कुर्सी के नीचे छेद कर रहा हूँ तुम्हें क्या दिक्कत है। याद रखें आप कैसी संगत में हैं वह आपकी यात्रा को प्रभावित करेगा। यह बहुत महत्त्वपूर्ण है आप किन लोगों के साथ यात्रा कर रहे हैं। याद रखें आप जिसके साथ चल रहे हैं, वह आपकी गति को प्रभावित कर सकता है।

सफल लोग हमेशा सफल लोगों को फॉलो करते हैं वह कभी निंदा नहीं करते जबकि असफल लोग अपना ही राग बजाते रहते हैं। सफल लोगों से ईष्या करते हैं। सफलता तो हर कोई चाहता है पर सफल लोगों को हर कोई फॉलो नहीं करता।

अच्छे लोगों की संगत में रहो क्योंकि सुनार का कचरा भी लोहे से मंहगा होता है। याद रखें समय इतना भी सस्ता नहीं है कि बुरी संगत के साथ बिताया जाए बुरी संगत में रहने से अच्छा अकेले रहना है।

संगत का विशेष ध्यान रखें क्योंकि सफलता हमेशा अच्छे विचारों से आती है, अच्छे विचार अच्छे लोगों के संपर्क से आते हैं।

अगर आप खुद में परिवर्तन करना चाहते हैं तो आप अपनी संगत बदल दो आप में परिवर्तन आने लग जाएगा, संगत बदलकर इंसान अपना जीवन बदल सकता है। अगर आप खराब दोस्तों की संगत नहीं बदल पा रहे हो तो आप जीवन में वह ऊँचाई प्राप्त नहीं कर सकते जो आप पाना चाहते हैं, क्योंकि संगत से ही हमारे विचार एवं सोच में बदलाव आता है। विचार बदलने से ही कार्य एवं परिणाम बदल जाता है। अच्छी संगत में रहोगे तो आपकी सोच बड़ी होगी और सफलता भी बड़ी मिलेगी।

पूरी दुनिया में एक चीज तय है वह बदलाव है। कुछ भी फिक्स रहने वाला नहीं है। मौसम बदलते हैं सर्दी, गर्मी, बरसात। टेक्नोलॉजी बदल रही है, लाइफ स्टाइल बदल रहे हैं, लोगों का रहन-सहन बदल रहा है, शहर, गांव, भवन सब कुछ बदल रहा है। अब आप अपनी संगत कब बदल रहे हैं कहीं देर न हो जाए।

पानी की बोतल दुकान पर 20 रु. की मिलती है वही बोतल होटल में 40 रु. की और एयरपोर्ट पर 50 रु. की है। वही बोतल, वही ब्रांड सिर्फ एक चीज से कीमत बदल गई वह है जगह। ऐसे ही अगर आप खुद की कीमत बढ़ाना चाहते हैं तो अपनी जगह बदलो, संगत बदलो।

आचार्य प्रशांत ने कहा, सही संगत से बेहतर और जल्दी तुम्हें कोई नहीं बदलता।

❖❖

8.

सकारात्मक सोच का कमाल

मन में जितनी ज्यादा नकारात्मकता होगी, शरीर में उतनी ज्यादा बीमारियां होंगी।

दुनिया में रिसोर्स की कमी नहीं है रिसोर्टफुलनेस की कमी है। इंसान सोच ले तो रिसोर्सेज जुटाने का सामर्थ्य अपने आप आ जाता है। न करने के हजार बहाने होते हैं और करने के लिए सिर्फ एक कारण चाहिए। कारण पहले आता है, एक्शन बाद में आता है। इंसान इसलिए बड़ा नहीं कर पाता क्योंकि उसके पास बड़ा करने का कारण नहीं है। इसलिए मैं तुमसे कहता हूँ-

"मांगो और तुम्हें दे दिया जाएगा, खोजो और तुम्हें मिल जाएगा खटखटाओ और तुम्हारे लिए द्वार खोल दिए जाएंगे"।- जीसस क्रिस्ट

शरीर से स्वस्थ और तंदुरुस्त रहने के लिए आपको अपने दिमाग से भी स्वस्थ एवं चुस्त सोचना होगा। व्यक्ति अपने दिमाग की सोच को बदल कर अपनी जिंदगी को बाहरी तौर पर बदल सकता है। आपके दिमाग में आने वाली बातों पर आप पूरा नियंत्रण रखें। कामयाब एवं खुश लोग अधिकतर सकारात्मक प्रवृति के होते हैं।

अगर आपके अंदर शब्दों का सही चयन करने की समझ आ गई तो कुछ ही समय में आपके जीवन में स्वास्थ्य में रिश्ते में सुधार आना शुरू हो जाएगा। सजगता से किया गया शब्दों का प्रयोग जादुई परिवर्तन लाता है। शब्दों को बदलते ही परिणाम बदल जाते हैं। इसलिए शब्दों की कीमत समझें सकारात्मक शब्द हमारा मनोबल बढ़ाते हैं।

हमारे दिमाग में बहुत सारे नेगेटिव विचार आते हैं वह हमारे माहौल एवं संगत से आते हैं इसलिए दिमाग में एंटीवायरस रखें। क्योंकि एक नेगेटिव थॉट या डाउट से कोई भी सपना टूट सकता है।

अगर किसी ने आपकी बेइज्जती कर दी, आप फेल हो गए या कोई आपके काम नहीं आया, ऐसे में दिमाग खराब हो जाता है। इस स्थिति में हमें एंटीवायरस

का उपयोग करना होगा और कहना है, हाऊ वंडरफुल। इससे भी बुरा हो सकता था। अगर आपके मन में कुछ गलत विचार आ जाये या मुंह से कुछ गलत निकल जाये तो उस वक्त तीन बार बोले कट-कट-कट और उसे अच्छे विचार से रिप्लेस करें।

सकारात्मक विचारों से आपका बिगड़ा हुआ रिश्ता वापस बन सकता है। आप रिश्ते में जो पाना चाहते हैं वह विचारों में देखें। आपको अपने परिवार से प्रेम, विश्वास सम्मान खुशी आदि चाहिए तो पहले आप देना शुरू करें। अगर आप तनाव मुक्त होना चाहते हैं तो आप प्रण लें कि किसी भी परिस्थिति में गलत शब्दों का इस्तेमाल नहीं करेंगे तथा तीसरे व्यक्ति के बारे में चर्चा नहीं करेंगे जो उपस्थित नहीं है।

अगर आप अच्छाई देखने जाओ तो आपको बुरे से बुरे इंसान में भी अच्छाई मिल जाएगी और बुराई देखने जाओगे तो अच्छे से अच्छे इंसान में भी बुराई मिल जाएगी। हम क्या देखते हैं यह हमारे नजरिये पर निर्भर करता है।

सोना खदान में मिट्टी से मिलता है। हजारों-लाखों किलोग्राम मिट्टी हटाने पर कुछ ग्राम सोना मिलता है। अगर आप मिट्टी पर ध्यान दोगे तो सोने तक नहीं पहुँच पाओगे। इसी प्रकार अगर आप किसी की बुराइयों पर ध्यान दोगे तो आपको अच्छाई नहीं मिल पाएगी।

आपकी सकारात्मकता में बहुत शक्ति है यह आपके शरीर को आरोग्य करती है।

किसी के प्रति हमारी गलत सोच या नकारात्मक सोच से हमें ही नुकसान होता है। इसलिए किसी के बारे में गलत सोच नहीं रखें क्योंकि नकारात्मक सोच से हमारी मानसिकता खराब होने लगती है। नजर का इलाज संभव है, पर नजरिए का नहीं। इसलिए अपना नजरिया अच्छा रखें सब अच्छा दिखेगा।

जो सच्चा ज्योतिष है वह सकारात्मक बताएगा कुछ भी नकारात्मक नहीं बताएगा। अगर कोई नकारात्मक बात दिमाग में डाल रहा है, तो वह अच्छा इंसान नहीं है क्योंकि अच्छा इंसान गलत धारणा दिमाग में नहीं भरता है।

जंगल में मेंढकों की दौड़ का आयोजन रखा गया। कई सारे मेंढक आए निश्चित समय पर दौड़ का आयोजन था। सभी मेंढक लाइन में खड़े हो गए। दौड़ शुरू होने वाली थी। एक मेंढक ने कहा लक्ष्य क्या है? बताया गया, सामने पहाड़ी पर टावर है वहां तक जाना है। अरे वहां तक कैसे जा पाओगे, वह बहुत दूर है इतना बड़ा

लक्ष्य हमसे नहीं होगा यह तो असंभव है। अरे दौड़ में भाग मत लो, जिंदगी रही तो बहुत कुछ कर लेंगे। यह छोटे से इनाम के लिए अपनी जिंदगी दांव पर मत लगाओ और बड़े जानवर भी कहने लगे इतना तो हम भी नहीं दौड़ सकते। यह सुनते ही दौड़ शुरू होने से पहले 20 मेंढकों ने अपना नाम वापस ले लिया। दौड़ शुरू हुई, बचे हुए मेंढकों ने दौड़ना शुरू किया दूसरे जानवरों ने कहा, अरे रुक जाओ, मत दौड़ो मर जाओगे। इन 20 मेंढकों से कहा इनको समझाओ, 20 मेंढक भी बोलने लगे अरे यार लक्ष्य बहुत दूर है, नहीं हो पाएगा। 50 और मेंढकों ने थोड़ी देर में ही दौड़ छोड़ दी। बाकी के 30 दौड़ रहे थे। शोर बढ़ने लगा मत दौड़ो मर जाओगे थोड़ी देर में 29 और मेंढकों ने दौड़ छोड़ दी पर एक मेंढक भागता रहा। सभी ने कहा अरे रुक जा तू विजेता है तुझे इनाम दे देते हैं लेकिन वह दौड़ते-दौड़ते टावर तक पहुँच गया उससे पूछा तूने दौड़ कैसे पूरी की। वह कुछ नहीं बोला बाद में पता चला कि वह बहरा था।

दूसरों की सुनकर ये नहीं होगा, मुश्किल है, रुके नहीं खुद पर विश्वास रखें अधिकतर लोग हौसला तोड़ने वाले होते हैं। इसलिए लक्ष्य प्राप्ति के समय बहरे बन जाओ, किसी की मत सुनो खुद पर विश्वास रखो आप कर सकते हैं।

अगर आप नकारात्मक सोचते हैं तो यह सोच आने वाले वर्षों में आपका कितना अहित एवं नुकसान करेगी इसलिए सकारात्मक सोचें हर चीज कम्पाउड होती है एवं जीवन में बहुत बड़ा फर्क डालती है।

अगर आपके एक हाथ में दो हजार रुपये का नोट है और दूसरे हाथ में दो रुपये का सिक्का और दोनों हाथ से गिर जाएं तो आवाज कौन करेगा नोट या सिक्का बेशक सिक्का, चिल्लर ही आवाज किया करते हैं; जब वैल्यु बढ़ जाती है तो ऐसी आवाज नहीं होती। आपके जीवन में जो लोग आपको बार-बार नेगेटिव बोलते हैं, कोसते हैं, समझ लीजिए कि वह चिल्लर हैं आपको अपनी वैल्यु बढ़ानी है। क्रिकेट का खेल चल रहा हो खिलाड़ी खेल रहे हों तब ओडियंस चिल्लाती है खिलाड़ी तो शांत होकर खेलता है।

एक नकारात्मक सोच वाला व्यक्ति अपने उद्देश्य प्राप्ति के मार्ग में सिर्फ बाधाएं देखता रहता है और एक सकारात्मक सोच वाला व्यक्ति सिर्फ अपने उद्देश्य को देखता है और प्राप्त कर लेता है।

अगर लोग आपके मार्ग में बाधा उत्पन्न करें या नकारात्मकता फैलाएं तो उन्हें रोकने का प्रयास मत करना क्योंकि रोकने के प्रयास में आप अपना कीमती समय

नष्ट कर दोगे बस स्वयं को सुरक्षित रखते हुए आगे बढ़ते रहना। अगर रास्ते में कांटा चुभता है तो कांटे को निकाल कर आगे बढ़ो, कांटे डालने वाले को ढूंढने में समय बर्बाद नहीं करें। याद रखो मुसीबतें हमारे रास्ते की अड़चन नहीं यह तो यात्रा का हिस्सा है।

मुसीबतें हमें मजबूत बनाती हैं इसलिए मार्ग के कांटों से घबराओ मत, यात्रा का आनंद लो धीरे-धीरे आप देखेंगे कि जो कंकर पत्थर पहले चुभ रहे थे वह अब नहीं चुभ रहे हैं क्योंकि आपके पैर मजबूत हो गए हैं।

मनन-चिंतन केवल सकारात्मक बातों का ही करना। कुछ लोग दिन भर नकारात्मक सोच एवं चिंता करते रहते हैं। याद रखो मनन-चिंतन से समस्या का समाधान ढूंढों न कि समस्या को सोचकर दुःखी होते रहो और समस्या बढ़ती जाए क्योंकि आप जिस पर फोकस करते हो वही बढ़ता है। समाधान पर फोकस करोगे तो समाधान मिलेगा, चिंता पर फोकस करोगे तो चिंता बढ़ेगी।

सकारात्मक सोच से प्रारंभ किए हुए कार्य से हम दिमागी तौर पर मजबूत होते हैं। पूरी शिद्दत के साथ कार्य करते हैं। सकारात्मक सोच रेनकोट का कार्य करती है जो बरसात को तो नहीं रोक सकती परंतु हमें बरसात में चलने का हौसला देती है और वर्षा के पानी से हमें बचाती है।

आप अपने विचारों के निर्माता हैं इसलिए हर दिन अच्छे सकारात्मक विचार से दिन की शुरुआत करें आज के समय में हमारी अधिकतर बीमारियां तनाव की वजह से होती हैं और हमारा तनाव हमारे नकारात्मक विचारों से शुरू होता है जब हमारे विचार सकारात्मक खुशनुमा होते हैं तो शरीर की बायोकेमेस्ट्री भी खुशनुमा हो जाती है जिससे शरीर सेहतमंद रहता है इसलिए खुशी भरे विचार सोचें और खुशी और को आकर्षित करे।

हम नकारात्मक चीजों पर ध्यान केंद्रित करके दुनिया को बदल नहीं सकते, जब हम नकारात्मक घटनाओं पर ध्यान केंद्रित करते हैं तो हम न सिर्फ उन्हें बढ़ाते हैं, बल्कि अपनी जिंदगी में नकारात्मक चीजों को बढ़ा लेते हैं। हमें दुनिया बदलने के लिए सकारात्मकता पर फोकस करना होगा। सकारात्मक सोच बढ़ेगी तो नकारात्मक अपने आप खत्म हो जाएगी। क्योंकि हम नकारात्मकता का प्रतिरोध करके उसे मिटा नहीं सकते बल्कि आकर्षित करते हैं हमें तो सकारात्मकता बढ़ानी है, क्योंकि हम जिसके बारे में सोचते हैं व महसूस करते हैं तत्काल उस फ्रिक्वेंसी पर पहुँच जाते हैं।

“सकारात्मक सोच सफलता की गारंटी तो नहीं है पर नकारात्मक सोच असफलता की गारंटी है।”

जो हर वक्त नकारात्मकता ढूंढते हैं, हर इंसान को नेगेटिव समझते हैं पर याद रखें दुनिया में बहुत कुछ खूबसूरत है जो आपने देखा नहीं या देखना नहीं चाहते हर इंसान में कमियां ढूंढने से पहले कुछ वो बातें देखिए जो उस इंसान को पॉजिटिव बनाती हैं, खूबसूरत बनाती हैं, अच्छा बनाती हैं, क्योंकि आपने सोच लिया कि हर चीज नेगेटिव है तो आपको नेगेटिव ही दिखेगी अगर आप पॉजिटिव ढूंढोगे तो आपको बहुत अच्छा लगेगा बस हम क्या देखते हैं वही हमें दिखता है।

“उत्साहपूर्वक सोचने, बोलने और कार्य करने से आप सकारात्मक परिणामों को अपनी ओर आकर्षित करते हैं”।- माइकल लीबफ

दुनिया में दो तरह के लोग हैं एक आशावाद के फिल्टर से देखते हैं, आधा गिलास भरा है, दूसरे निराशावाद के फिल्टर से देखते हैं, आधा गिलास खाली है। आप देख सकते हैं कि आपका नजरिया कैसा है आप किस पर ध्यान देते हैं।

- ❖ नेगेटिव सोच वाला मैं यह नहीं कर सकता जबकि पॉजिटिव सोच वाला मैं यह कर सकता हूँ।
- ❖ नेगेटिव सोच वाला समस्या देखता है जबकि पॉजिटिव सोच वाला समाधान।
- ❖ नेगेटिव सोच वाला दूसरों में बुराइयां देखता है जबकि पॉजिटिव सोच वाला अच्छाइयां देखता है।
- ❖ नेगेटिव सोच वाला मेरे पास क्या नहीं है उस पर ध्यान देता है जबकि पॉजिटिव सोच वाला मेरे पास क्या है उस पर ध्यान देता है।
- ❖ नेगेटिव सोच वाला खुद को कमजोर समझता है जबकि पॉजिटिव सोच वाला खुद को शक्तिशाली।

हमारी जिंदगी की हर क्षेत्र में कामयाबी का सकारात्मक सोच से गहरा संबंध है। हम उन्हीं लोगों को पसंद करते हैं उनके जैसा बनना चाहते हैं जो काम और जिंदगी को लेकर सकारात्मक एवं आशावादी है कोई भी व्यक्ति ऐसे इंसान के साथ समय बिताना पसंद नहीं करता जो नकारात्मक एवं निराशावादी है। हर वक्त शिकायत करता हो, लेकिन अधिकतर लोग दूसरों की शिकायत एवं आलोचना करते रहते हैं। क्योंकि उनका माहौल नकारात्मक होता है दिन की शुरूआत ही नकारात्मक घटनाओं को पढ़कर करते हैं। अधिकतर लोग नेगेटिव न्यूज, आर्टिकल सोशल मीडिया देखकर दिन की शुरुआत करते हैं।

याद रखें आप नकारात्मक दिमाग के साथ सकारात्मक जीवन नहीं जी सकते हैं। इसलिए अपने दिन की शुरुआत को पॉजिटिव देखने, सुनने या प्रार्थना करके करें या कुछ अच्छा पढ़ने से कीजिए जिससे आपका दिन सकारात्मक रहे।

एक गरीब आदमी बड़ी मेहनत से एक-एक पैसा जोड़कर मकान बनवाता है ताकि उसका परिवार छोटे से झोपड़े से निकलकर पक्के मकान में खुशी से रह सके हैं। आखिरकार एक दिन मकान बनकर तैयार हो जाता है लेकिन गृह प्रवेश के 2 दिन पहले ही भूकंप आता है और उसका मकान पूरी तरह ध्वस्त हो जाता है वह घटनास्थल पर पहुंचता है वहां पर काफी लोग इकट्ठे होकर उसके मकान गिरने का अफसोस जाहिर कर रहे थे। लेकिन उसके चेहरे पर निराशा नहीं थी। उसे देखकर सभी लोग हैरान हो जाते हैं। तभी उसका एक मित्र उससे कहता है कहीं तुम पागल तो नहीं हो गए हो, तुम्हारा घर गिर गया। वह आदमी मुस्कुराते हुए कहता है यह तो बहुत अच्छा हुआ कि मकान आज ही गिर गया वरना तुम ही सोचो यह मकान दो दिन बाद गिरता तो मैं, मेरी पत्नी और बच्चे सभी मारे जा सकते थे तब कितना बड़ा नुकसान होता। यदि वह व्यक्ति नकारात्मक दृष्टिकोण से सोचता तो शायद वह डिप्रेशन का शिकार हो जाता, लेकिन एक सोच के फर्क ने उसके दुःख को खुशी में परिवर्तित कर दिया।

आपका मस्तिष्क बहुत शक्तिशाली है, जैसा आप सोचते हैं वैसा ही आप बन जाते हैं। जब आप इसमें सकारात्मक विचारों का सृजन करते हैं, उसी समय से आपका जीवन बदलने लगता है।

खेत में बीज नहीं डालोगे तो कुदरत उसमें घास-फूस उगा देगी उसी तरीके से आप अपने दिमाग में सकारात्मक विचार नहीं डालोगे तो दुनिया उसमें नेगेटिव विचार भर देगी।

एक दिन एक प्रोफेसर क्लास में आये और उन्होंने अपने स्टूडेंट को सॉल्व करने के लिए एक प्रश्न पत्र दिया सभी को हैरानी हुई कि उस पर कोई प्रश्न नहीं था बस पेज के सेंटर में एक ब्लैक डोट था। सभी के चेहरे देखकर प्रोफेसर ने कहा मैं चाहता हूं आप वही लिखें जो आप देख रहे हैं। सभी स्टूडेंट ने ब्लैक डोट के बारे में लिखा, पतला था, मोटा था, सेंटर में था, काला था आदि। प्रोफेसर ने सभी की आंसर शीट देखी और कहा पेपर के वाइट एरिया के बारे में किसी ने नहीं लिखा। हमारी लाइफ में भी ऐसा ही है हमारे आस-पास बहुत कुछ अच्छा है देखने के लिए, लेकिन हम हमेशा ब्लैक डॉट पर ध्यान देते हैं। हमारी लाइफ एक गिफ्ट है हमारे पास बहुत सारे कारण हैं खुशी मनाने के लिए हालांकि हम केवल ब्लैक डॉट पर ध्यान देते हैं जैसे हेल्थ की समस्या, फैमिली मुद्दा, पैसे की कमी हमारे जीवन में जो कुछ भी है उनकी तुलना में ब्लैक डोट बहुत छोटे हैं अपनी आंखों

को अपने जीवन के काले धब्बों से दूर रखें अपनी ब्लेसिंग का आनंद लें, खुश रहें और पॉजिटिव लाइफ जिएं।

खुद को सकारात्मक रखें बुरी खबर सुनने के बाद खुद से कहें कि यह सिर्फ खबर ही है उसको ज्यादा दिल पर न लें। मीडिया चैनल या अखबारों के लिए खबर एक व्यापार है और व्यापार का एकमात्र उद्देश्य लाभ होता है। मीडिया द्वारा दिखाई जाने वाली लगभग 95 प्रतिशत खबरें नकारात्मक होती हैं, जैसे हिंसा, लूट, युद्ध, भ्रष्टाचार आदि हमारा दिमाग इसी तरह प्रोग्राम्ड है जो बातें उसे बार-बार सुनाई, दिखाई या पढ़ाई जाएंगी यह उसे सच मान लेता है।

पॉजिटिव रीडिंग का मतलब अखबार पढ़ना नहीं है इसका मतलब है सकारात्मक पढ़ना जो आपके सेल्फ डवलपमेंट में सहायता करे। कुछ आध्यात्मिक पढ़ना, हो सकता है वो आपको अपग्रेड करने में हेल्प करे, किसी अच्छी पुस्तक के पांच पेज हमेशा पढ़ें जो आपमें सकारात्मक बदलाव लाएं वह दिमाग का न्युट्रिशन है। पता है पुस्तकें हमारी सच्ची मित्र हैं यह हमारी कल्पनाओं को पंख लगाती हैं।

कंप्यूटर में जो फाइल या फोल्डर काम का न हो उसे डिलीट करने का विकल्प होता है और हम तुरंत डिलीट भी कर देते हैं ताकि कंप्यूटर हेंग न हो या स्पेस न भर जाए। लेकिन हम रोज कितनी सारी बातें मन में भरते हैं पर उसमें से व्यर्थ बातों को डिलीट नहीं करते उसी के परिणाम-स्वरूप विकार रूपी वायरस पैदा होते हैं। इसलिये व्यर्थ बातों को परमानेंट डिलीट करते रहें।

मात्र उम्मीद की डोर से बंधा हुआ आदमी ही बहुत कुछ कर गुजरता है कभी-कभी।- मनु भंडारी

जब भी आप किसी से कम्युनिकेशन करते हैं तो अपने आप से बाहर निकलिए। अपने बारे में सोचना बंद कीजिए। सामने वाले की आंखों में देखिए। उसकी आंख का कलर ऑब्सर्व कीजिए व उसके फिजिकल अपीरियंस में जो अच्छा लगे उसकी तारीफ कीजिए। जब आप किसी से कम्युनिकेशन करें तब नेगेटिव बात नहीं करें, सिर्फ पॉजिटिव बात करें। उदाहरण कुछ लोग किसी से मिलते हैं तो नेगेटिव बात करते हैं तुम मोटे हो गए हो, तुम बहुत पतले हो गए हो किसी पर टीका टिप्पणी नहीं करें अगर कुछ कहना है तो सकारात्मक कहें।

आपके पास दो विकल्प हैं या तो आप नकारात्मक सोच कर अपना वक्त बर्बाद कर लीजिए या फिर सकारात्मक सोच कर जिंदगी बना लीजिए।

9.

खुद पर विश्वास रखिए

"अगर आप सोच लें कि आप कर सकते हैं या यह सोच लें कि आप नहीं कर सकते हैं, दोनों ही मामले में आप सही हैं"।- हेनरी फोर्ड

कभी भी दूसरों की बातें सुनकर खुद पर शक नहीं करें, वे आपकी काबिलियत नहीं जानते हैं।- लेखक

जिस दिन आपको खुद पर विश्वास हो गया लोग आप पर विश्वास करने लग जाएंगे। कुछ करने के लिए खुद पर भरोसा होना चाहिए जिस दिन आप खुद पर भरोसा करने लग जाओगे, उस दिन आप खुद में अपार ऊर्जा महसूस करोगे, दुनिया बदल दोगे। खुद पर विश्वास रखने से जीवन में सब कुछ संभव है।

जिसे खुद पर विश्वास होता है, उस पर दूसरे भी विश्वास करने लगते हैं।- लीव लैजारो

नेल्सन मंडेला 27 साल तक जेल में रहे पर हार नहीं मानी। खुद पर विश्वास रखा और अपने देश को आजाद करवाया और अफ्रीका के राष्ट्रपति बने।

जेसिका कोक्स बिना हाथों के पैदा हुई थी। डॉक्टर ने कहा बेचारी है। एक दिन इसकी मां ने उसका नाम कॉलेज की एक प्रतियोगिता में लिखवा दिया। उसकी परफॉर्मेंस से सभी ने तालियां बजाईं। यह बिना हाथों के बाल बनाती है, तैराकी करती है, लिखती है, यह बिना हाथ के कार भी चलाती है वह दुनिया की पहली महिला है जो बिना हाथ के एरोप्लेन उड़ाती है, वह खुद को दूसरों से कम नहीं, समझती। कितना आत्मविश्वास होगा उसमें जबकि हम लोग हाथ-पैर होने पर भी तैरना तक नहीं जानते हैं।

जादव मोलाई ने एक-एक पेड़ लगाना शुरू किया और 1360 एकड़ का जंगल बना दिया। वह 37 साल से लगे रहे अकेले, खुद पर विश्वास रखकर।

यदि अपनी महत्त्वाकांक्षाओं को पूरा करने में आप अपनी योग्यता पर विश्वास नहीं करेंगे तो आप उन्हें कभी हासिल नहीं कर पाएंगे।

बिलीव सिस्टम- बिलीव चेंज होते ही जो सेकण्ड बाइ प्रोडक्ट है बिलीव का वह एटीटयूड चेंज हो जाता है। एटिटयूड चेंज होते ही आपका एक्शन चेंज हो जाता है। बिलिफ चेंज करके हम अपनी लाइफ को बदल सकते हैं।

आप वे शत-प्रतिशत शॉट चूक जाते हैं, जिन्हें आप लगाते ही नहीं है।- वेन ग्रेट्ज़्की

अपने भाग्य को बदलें

1. **सोच**- आपके जीवन का मुख्य आधार आपकी सोच है सोच से ही इंसान बनता है जिस दिन आपकी सोच बदल जाएगी उस दिन से आपकी तकदीर बदलना शुरू हो जाएगी।
2. **कर्म**- अच्छे कर्म अच्छे भाग्य को आकर्षित करते हैं, याद रखें प्रबल कर्म दुर्बल भाग्य को हरा देते हैं। आज से ही अच्छे कर्म करना शुरू करें। चाहे पुराने कर्म कैसे भी रहे हों। आपकी किस्मत आपके भाग्य को बदले या न बदले पर आपके कर्म आपकी किस्मत को बदल सकते हैं।
3. **खुद पर विश्वास**- सबसे पहले खुद पर विश्वास करें। हमेशा संदेह करने से खुद का ही नुकसान होता है। विश्वास वो शक्ति है जिससे उजड़ी हुई दुनिया को भी प्रकाशित किया जा सकता है।

हम कुछ गलत या नकारात्मक सुन लेते हैं तो हमारे शरीर में निराशा छा जाती है या कुछ भी गलत होते ही शरीर की ऊर्जा कम हो जाती है। जीवन में कितना भी बुरा हो जाए कितना भी नुकसान हो जाए ऐसे सिर लटका कर बैठने की जगह अपनी ऊर्जा को नियन्त्रित करें, ऊर्जा को बढ़ायें, अच्छा सोचें, अच्छा महसूस करें। खुद के दिमाग में ऐसा फिल्टर रखो कि कुछ बुरा समाचार सुन भी लो तो उस घटना या स्थिति का आपके दिमाग पर नकारात्मक प्रभाव नहीं हो।

सबसे खतरनाक है- यह मान के जीना कि मैं कुछ नहीं कर सकता अर्थात मुर्दों की तरह जीना-

- ❖ सपनों का मर जाना।
- ❖ अपने अंदर की शक्ति को नहीं पहचानना।
- ❖ सोई हुई ताकत को नहीं जगा पाना।

- खुद को कमजोर मान कर जीना।
- यह मानकर जीना कि मैं कुछ बड़ा नहीं कर सकता।
- यह मानकर जीना की किस्मत खराब है।
- साधारण इंसान की तरह जीना।
- यह मानना कि भगवान आएंगे और मदद करेंगे।

"खुदी को कर बुलंद इतना कि तकदीर से पहले खुदा बंदे से खुद पूछे बता तेरी रज़ा क्या है।"

भगवान मेरा सब कुछ करेंगे भगवान क्यों करेंगे, दुनिया में 8 अरब लोग हैं। भगवान को कोई काम नहीं है क्या जो आपकी मिन्नतें सुने। भगवान मदद नहीं करेंगे खुद ही करनी पड़ेगी। खुद मुर्दे कि तरह जी रहे हो, खुद की आत्मा को मार रहे हो और कह रहे हो भगवान तू मदद कर, भगवान कहेंगे मुर्दे मैं क्या हेल्प करूं तुझे जिंदगी दी है तू कुछ कर तो सही, खुद से खुद का माइंड कंट्रोल नहीं हो रहा है, विचार कंट्रोल नहीं हो रहे हैं, नेगेटिव सोचने की आदत नहीं जा रही है, खुद से गलत आदतें नहीं छूट रही हैं, दूसरों के बारे में बात करना नहीं छूट रहा है, अपना समय बर्बाद करने की आदत नहीं छूट रही है, आलस्य नहीं छूट रहा और कह रहा है भगवान तू मदद कर। मंदिर में जाकर भगवान को प्रसाद चढ़ाना, पूजा, माला सब कुछ कर लेंगे लेकिन भगवान मदद नहीं करेंगे, क्योंकि भगवान उसी कि मदद करते हैं जो खुद की मदद करता है।

लिप ऑफ फेथ- बहुत बड़ी विश्वास की अर्थात भरोसे की छलांग लगानी पड़ेगी। कुछ लोग कहते हैं बड़ी छलांग लगाई और असफल हो गए तो मैं कहता हूँ अगर सफल हो गए तो विश्वास रखिए आप खुद का साथ देते हैं तो प्रकृति भी आपका साथ देती हैं। छलांग लगाने के लिए प्लानिंग चाहिए, एक्शन चाहिए, दृढ़ निश्चय चाहिए बस ऐसे ही हवा में छलांग नहीं लगायी जाती।

अगर कोई दो व्यक्ति सिक्का उछालें और एक हैड ही हैड मांगे और दूसरा टेल ही टेल मांगे तो संभावना क्या होगी एक आदमी कितनी बार हार सकता है। अधिकतम आठ बार उसमें से दो बार तो जीतेगा ही जीतेगा।

खुद पर युद्ध स्तर पर काम करें आराम से नहीं "आज करे सो कल, कल करे सो परसो, जल्दी-जल्दी क्या करता है जीना है बरसों" इस कहावत पर अधिकतर लोग जी रहे हैं चलता है, हो रहा है अब नहीं चलेगा। आराम से करेंगे कल करेंगे, परसों करेंगे यह नहीं चलेगा। "काल करे सो आज कर, आज करे सो अब, पल में

प्रलय होएगी, बहूरि करेगा कब" पल भर में सब नष्ट हो सकता है बाद में मौका नहीं मिला तो इसलिये काम को कभी न टालें।

इतिहास बनाने, रिकॉर्ड तोड़ने के लिए पागलपन चाहिए। मुझे यह करना है कैसे होगा पता नहीं, कैसे करूंगा पता नहीं, कितना होगा, मुझे नहीं पता बस मुझे यह काम करना है। शक्ति सामर्थ्य अपने आप आ जाएगी। कोई सीढ़ी नहीं बनी है बस जिसने करने की सोच ली उसके लिए चलते-चलते रास्ते खुलते जाते हैं। आपके वही विचार असलियत बनते हैं जिनमें भावना भी जुड़ी होती है।

विश्वास 2 तरह के होते हैं

1. **निम्न श्रेणी विश्वास-**
   मैं पर्याप्त नहीं हूँ।
   मेरे पास पर्याप्त नहीं है।
   इस दुनिया में भी पर्याप्त नहीं है।
   यह विश्वास नेगेटिव थिंकर में होता है।
2. **उच्च श्रेणी विश्वास-**
   मैं पर्याप्त हूँ।
   मेरे पास पर्याप्त है।
   दुनिया में भी पर्याप्त है।
   यह विश्वास पॉजिटीव थिंकर में होता है।

सब कुछ छोटा है उसके सामने जो हमारे अंदर है, यह कॉन्फिडेंस अंदर से होना चाहिए। जैसे अगर कार से आत्मविश्वास आ रहा है तो जिस दिन कार चली गई तो कॉन्फिडेंस चला जाएगा इसलिए कॉन्फिडेंस अंदर से लाना है।

मुझे आशा है आशा ही अपने आप में शक्ति है।

अगर आपको विश्वास नहीं है तो आप कुछ भी नहीं कर पाते हैं इसलिए विश्वास रखें विश्वास ही शक्ति है। दुनिया में ऐसा कोई काम नहीं है जो आप खुद पर विश्वास करें और नहीं कर सके ये हो नहीं सकता।

1956 से पहले विश्वास नहीं था कि कोई 1 मील की दूरी को 4 मिनट से पहले पूरी कर सकता है। 1903 में ब्रिटिश ऑलम्पिक के कोच ने एक स्टेटमेंट दिया कि कोई भी आदमी शारीरिक रूप से इतना सक्षम नहीं हो सकता कि वह 1 मील की दूरी को 4 मिनट से पहले पूरी कर सके। इसलिए लोगों की मानसिकता

हो गयी कि कोई भी 1 मील की दूरी को 4 मिनट से पहले पूरी नहीं कर सकता है 1956 में रोजर बैनिस्टर ने 1 मील की दूरी को 3.59.4 मिनिट में पूरा किया तब एक विश्वास पैदा हुआ अगर वह कर सकता है तो हम भी कर सकते हैं। 1956 से 2021 तक करीब सात हजार से ज्यादा लोग ऐसे हैं जो 1 मील की दूरी को 4 मिनट से पहले पूरा कर चुके हैं यहाँ तक स्कूल के बच्चे भी। 53 साल तक एक भी नहीं कर पाया था लेकिन रोजर बैनिस्टर ने किया। सिंपल बिलीफ इफ वन कैन डू वी कैन डू अर्थात कोई कर सकता है तो हम भी कर सकते हैं। विश्वास परिवर्तन होते ही रवैया बदल जाता है रवैया बदलते ही कार्यवाही बदल जाती है। ऐसा नहीं है कि 1956 से पहले कोई उस दौड़ को 4 मिनट से पहले पूरा नहीं कर सकता पर उनको लगता है कि नहीं हो सकता था।

जब आप खुद पर ध्यान देते हैं तो आप आगे बढ़ते हो, जब आप मुसीबत पर ध्यान देते हो तो मुसीबत आगे बढ़ती है।

अगर विश्वास करना ही है तो खुद पर कीजिए क्योंकि आप खुद के लिए जो कर सकते हैं वह कोई और आपके लिए नहीं कर सकता।

सिद्धार्थ अपने काम में सफल नहीं हो पा रहा था, मन दुःखी हो गया। किसी ने उसे एक बाबा के बारे में बताया। वह बाबा के पास गया उसने बताया कि मुझे सफलता नहीं मिल रही है, बाबा ने उसे ताबीज दिया और कहा इसमें बहुत ही सिद्ध मंत्र हैं, इसे अपने गले में पहने रखना, फिर तुम जो चाहोगे वह सब कुछ तुम्हें मिलेगा, वह बड़ा खुश हुआ, उसने पूछा सच में हाँ लेकिन इस ताबीज को लेकर एक रात शमशान में अकेले काटनी होगी वह बहुत घबरा गया। बोला में डर से मर जाऊंगा, बाबा ने कहा, ये ताबीज तुम्हें कुछ नहीं होने देगा उसने ताबीज पर भरोसा रख कर पूरी रात श्मशान में काट ली। उसे तो खुद पर भरोसा ही नहीं हुआ कि श्मशान में एक रात अकेले बिता दी। यह ताबीज बहुत शक्तिशाली है अब मैं जो चाहूँगा वह कर पाऊंगा। अब सचमुच होने भी लगा। उसे धीरे-धीरे सफलता मिलने लगी। एक दिन वह बाबा से मिलने गया। बाबा ने पूछा कैसा चल रहा है तुम्हारा कामकाज। वो बोला बहुत अच्छा, ताबीज ने तो कमाल कर दिया मुझे सफलता पर सफलता मिल रही है। तब बाबा ने कहा तुम्हें सफल किसी ताबीज ने नहीं तुम्हारी काबिलियत ने किया। लेकिन जो भरोसा तुम्हें खुद पर करना चाहिए था वह तुम्हें ताबीज पहनने के बाद मिला। तुम्हें लगा ताबीज है तो मैं सब कुछ कर सकता हूँ और तुम कर पाए।

ताबीज हो या न हो अगर तुमने यह सोच लिया कि मैं कर सकता हूँ तो तुम कर सकोगे। क्यों हम अंगुठियों पर, ताबीज पर, किसी की कही बात पर भरोसा

करते हैं और खुद पर भरोसा नहीं करते। खुद पर भरोसा करने की शुरुआत कीजिए फिर देखिए कैसे आप असंभव को संभव में बदल देंगे।

एक लड़का जो नाइंथ क्लास में पढ़ता था उस बच्चे का पेंटिंग में बहुत इंटरेस्ट था वह विद्यालय में आर्ट टीचर के पास जाकर बारीकियां सीखता था जो गलतियां होती थीं उनके बारे में पूछ कर सुधारता था। मेहनत करता था पेंटिंग बनाने में, एक बार उसने कमाल की पेंटिंग बनाई, बहुत खूबसूरत थी। उसने सोचा इस पेंटिंग को स्कूल के नोटिस बोर्ड पर लगाऊँगा और लोगों से पूछूंगा कि इसमें क्या कमी रह गई। अगले दिन उस पेंटिंग को नोटिस बोर्ड पर लगाया और नीचे लिख दिया इसमें कहीं कमी नजर आए, वहां पर क्रॉस लगा दें। जब शाम को स्कूल की छुट्टी हुई तब वह जाते वक्त देखता है कि नोटिस बोर्ड पर लगी पूरी पेंटिंग पर क्रॉस लगे हुए थे। लड़का निराश हुआ और रात को आर्ट टीचर के पास गया। उनको पूरा वाकिया बताया, कहा अब क्या करूं, उन्होंने कहा बेटा एक काम करना कल फिर से एक पेंटिंग बनाना, नोटिस बोर्ड पर जाकर लगाना और नीचे लिखना इसमें जहां कहीं कमी हो कृपा करके उसे सुधार दें बस इतना लिख देना। उस लड़के ने अगले दिन स्कूल जाकर नोटिस बोर्ड पर एक नई पेंटिंग लगाई, नीचे लिखा कोई कमी हो तो उसे सुधार दें। जब स्कूल की छुट्टी हुई तो शाम को जाकर उसने देखा वहां किसी ने कोई सुधार नहीं किया पेंटिंग वैसी की वैसी थी।

याद रखें दुनिया में कमी निकालने वाले बहुत हैं तुम्हें लोगों की बातों को दिल से नहीं लगाना है। अपने ऊपर विश्वास रखो, अपनी चीज पर विश्वास रखो, जिंदगी में आगे बढ़ो।

दुनिया की बातें सुनकर कभी अपने फैसले पर शक मत कीजिए क्योंकि यदि आपको उम्मीद है कि आप कर सकते हैं तो यकीन मानिए आप कर सकते हैं।

यदि आपमें आत्मविश्वास नहीं है तो आप हमेशा न जीतने का रास्ता खोज लेंगे।- कार्ल लुईस

रिजल्ट तब आते हैं जब हम एक्शन लेते हैं किसी चीज को हासिल करने के लिए पहले उस पर विश्वास करना होगा। आप जैसे हैं पर्याप्त से अधिक हैं अपने आप को कमजोर मत समझना। आप जैसे हो वैसे ही रहें। अगर आपकी लंबाई कम है तो इसमें कुछ नहीं हो सकता इसलिए यह सोचने पर अपनी ऊर्जा खर्च नहीं करें कि मेरी लम्बाई कम है।

आप ही आपकी सफलता में सबसे बड़ी रुकावट हैं। आपको अपने रास्ते से हटना होगा। खुद पर शक करना छोड़ना होगा, बड़ा सोचना होगा। सबसे बड़ी

गलती यह है कि इंसान अपने आपको कम समझता है, छोटा समझता है, कमजोर समझता है और सोचता है जितने भी बड़े लोग हैं उनमें सुपर पावर होगी। आज के बाद इस गलती को दोहराना बंद कीजिए और खुद को कम समझना बंद कीजिए।

खुद को कमजोर समझना ही सबसे बड़ा पाप है।- स्वामी विवेकानंद

अपने आपको काबिल समझो। आप सब कुछ कर सकते हैं अगर आप अपने आपको छोटा समझ रहे हैं तो आप अपने अंदर के सुपरमैन को मार रहे हैं आप सुपर हीरो हो।

अगर राजपाल यादव कम हाइट का रोना रोते खुद को कमजोर समझते तो क्या वह फिल्म इंडस्ट्री में जाने माने अभिनेता बन पाते, नहीं अरे आप जैसे भी हो यूनिक हो। आप जैसा कोई नहीं। इसलिए ब्रह्माण्ड में आप वह कर सकते हैं जो कोई दूसरा नहीं कर सकता।

खुद को कभी कम मत आंकना। हर किसी इंसान के अंदर पूरी दुनिया को बदलने की क्षमता होती है, पोटेंशियल होता है। बस उस क्षमता को जागृत करना है। हमें हमारी अलग-अलग दिशाओं में बिखरी ऊर्जा को एक जगह पर लाना होगा क्योंकि हमारे चंचल मन के इधर-उधर दौड़ने-भागने से हमारी ऊर्जा कम हो जाती है। इस चंचल मन पर अंकुश लगाकर हम ऊर्जा को केंद्रित कर सकते हैं।

हम मैग्निफाइंग ग्लास को कागज पर रखते हैं तो मैग्निफाइंग ग्लास से सूरज की किरणें गुजर कर एक बिंदु पर एकत्रित होकर कागज को जला देती हैं, किरणें तो वहीं हैं जो हमारे चारों और बिखरी हैं। जब वह बिखरी हुई होती हैं तब कागज को जला नहीं पाती हैं।

अगर आप खुद को कमजोर समझते हैं तो आपके एक्शन भी कमजोर हो जाते हैं यदि आप खुद को जबरदस्त समझते हो तो आपके एक्शन भी जबरदस्त हो जाते हैं। जब तक आप खुद को कमजोर समझते हो तब तक आप कमजोर होते हैं जिस क्षण आपने स्वयं को शक्तिशाली समझ लिया उसी दिन से ब्रह्माण्ड की नजरों में आप शक्तिशाली बन जाओगे।

अगर खुद को कमजोर समझोगे तो कमजोर विचार आप तक पहुँचेंगे और महान समझोगे तो महान विचार आप तक पहुँचेंगे। इस बात से फर्क नहीं पड़ता कि लोग आपको क्या समझते हैं फर्क तो इस बात से पड़ता है कि आप खुद को क्या समझते हो, आप खुद को कितना महत्त्व देते हो, जितना आप खुद को महत्त्व दोगे उतना ही महत्त्व दुनिया आपको देगी। आपको खुद पर विश्वास करना होगा, आपके

और महानता के बीच केवल विश्वास की दूरी है आपको विश्वास करना होगा कि मैं शक्तिशाली हूँ। आप खुद पर विश्वास करोगे तो ब्रह्माण्ड भी आप पर विश्वास करेगा और आपको इतनी शक्ति देगा जितनी शक्ति आप खुद में महसूस करते हो। आप खुद को शक्तिशाली समझने लगते हैं तो आपकी कमजोरियां दूर होने लगेंगी आप जैसा सोचोगे ब्रह्माण्ड वैसी ही शक्तियां प्रदान करेगा।

एक ही दिन में बिगड़ने वाले दूध में कभी नहीं बिगड़ने वाला घी छिपा होता है।

खुद को कम समझने की गलती नहीं करें आप ईश्वर का अंश हैं आपको ईश्वर ने किसी विशेष प्रयोजन के लिए भेजा है बस आपको उस प्रतिभा को तराशना है ईश्वर किसी को भी बिना प्रतिभा या बिना वजह नहीं भेजता है बस आपको आपकी छुपी प्रतिभा को पहचानना है।

जंगल का राजा शेर क्यों है? क्या जंगल का राजा बनने के लिए कोई शक्ति चाहिए? नहीं, क्या जंगल में कोई चुनाव होते हैं? नहीं, एक बार किसी ने शेर से पूछा कि तुमसे ज्यादा शक्तिशाली तो हाथी है, तुमसे फुर्तीला चीता है, तुमसे चतुर लोमड़ी है, तुम में ये गुण नहीं फिर तुम जंगल के राजा कैसे हो? तो शेर ने जवाब दिया मुझे लगता है मैं राजा हूँ इसलिए मैं राजा हूँ। शेर का बिलीव सिस्टम पावरफुल होता है। एक जंगल में शेर और हाथी की नजरें मिलती हैं तो शेर उसे अपना शिकार समझकर अटैक करने की सोचता है और उसकी एक्टिविटी वैसी हो जाती है और हाथी अपने को कमजोर समझ कर सुरक्षात्मक होने लगता है और शिकार हो जाता है जबकि हाथी शक्तिशाली है उसका बिलीव सिस्टम कमजोर है इसलिए वह हार जाता है।

खुद पर विश्वास रखो कि आप पावरफुल हो। आपकी एक्टिविटी भी वैसी होने लगेगी जैसा आप अपने को समझते हो।

कोई भी यात्रा शुरू करने से पहले उस काम के प्रति आपका जो विश्वास होता है वही पूरी यात्रा को निर्धारित करता है।

खुद का सम्मान करें आपका खुद के प्रति सम्मान का भाव आपके व्यक्तित्व का प्रमुख हिस्सा होता है यही वह ऊर्जा केंद्र है जो आपके आत्मविश्वास और उत्साह का स्तर तय करता है। आप खुद को जितना पसंद करेंगे, प्यार करेंगे आप उतने ही ऊंचे मापदंड रखेंगे। आप खुद का जितना सम्मान करेंगे उतना ही दूसरे लोग

आपका सम्मान करेंगे। आपका खुद के बारे में आंकलन बेहतर होना चाहिए। तब आपका आत्मविश्वास बढ़ेगा।

जिसका खुद की नजरों में समान नहीं होता दुनिया उसका सम्मान नहीं करती। आपका पहला काम खुद का सम्मान करना है आपकी खुद के बारे में सोच आपके विचारों को निर्धारित करती है आप खुद को जितना प्यार करोगे, पसंद करोगे, खुद की नजरों में आपकी छवि एवं प्रदर्शन में निखार आएगा।

जब भी आपका व्यवहार साहसपूर्ण होता है आप खुद को शक्तिशाली विजेता महसूस करते हैं। आपकी आत्म छवि बेहतर होती है और आप अपने आपको ज्यादा चाहने लगते हैं आपके चेहरे पर चमक होती है आप भीतर से खुश महसूस करते हैं, इसके विपरीत जब आप खुद को कमजोर महसूस करते हैं तब आपकी बॉडी लैंग्वेज भी कमजोर हो जाती है आपका शरीर ढीला पड़ जाता है, खुद को थका हुआ एवं हारा हुआ महसूस करते हैं। आपको एनर्जी आप खुद दे सकते हैं आपकी आंतरिक ऊर्जा ही आपको विजेता बनाती है।

"साहस को सभी गुणों में श्रेष्ठ माना है, क्योंकि इसी पर बाकी के सभी निर्भर करते हैं"।- विंस्टन चर्चिल

सफल लोग हर वक्त यही सोचते रहते हैं कि उन्हें क्या चाहिए और वे इसे कैसे हासिल कर सकते हैं, इसके विपरीत नाकामयाब लोग उन चीजों के बारे में सोचते हैं जो वे नहीं चाहते हैं वह अपनी समस्याओं और गरीबी के बारे में बात करते रहते हैं साथ ही उन लोगों के बारे में बात करते हैं जिनसे उनको नफरत है। व्यक्ति उतना ही मुल्यवान बन जाता है जितना वह खुद को मानता है, उतना ही सफल बन जाता है जितने पर यकीन कर पाता है।

मलयालम फिल्म से अपने फिल्मी कैरियर की शुरुआत करने वाले अजय कुमार की लंबाई सिर्फ 2 फीट 6 इंच होने के बावजूद भी वे फिल्मों में बतौर एक्टर काम करते हैं। 50 से ज्यादा फिल्में की उन्होंने, लोगों की इस विचारधारा को गलत साबित किया कि हीरो बनने के लिए अच्छी कद-काठी होना जरूरी होता है। उन्हें सबसे छोटे कद वाले अभिनेता का खिताब मिला और उनका नाम गिनीज बुक ऑफ वर्ल्ड रिकॉर्ड में दर्ज हो गया। अब आप खुद के बारे में क्या सोचते हैं, अपनी सोच को बदलें। सबसे पहले खुद को कमजोर समझना बंद करें। आप दुनिया में जो कर सकते हैं वह कोई दूसरा नहीं कर सकता।

एक बात हमेशा याद रखना सहारा न इंसान को खोखला कर देता है और उम्मीदें इंसान को कमजोर। इसलिए खुद का सहारा खुद बनो क्योंकि तुम्हारा सहारा तुमसे बेहतर कोई बन नहीं सकता। इंसान खुद का साथी एवं हमदर्द सबसे बेहतर खुद ही होता है।

हमारी सबसे बड़ी कमजोरी हार मान लेना है, सफल होने का तरीका है एक बार और प्रयास करना।- थॉमस अल्वा एडिसन

आदमी विकलांग शरीर से नहीं मन से होता है। पूरी दुनिया आपको कैसे भी देखे मगर आप खुद को कैसे देखते हैं यही बात आपको सफल बनाती है। जिन्हें अपने कदमों पर विश्वास होता है उन्हें मंजिल जरूर मिलती है।

एक बार रामकृष्ण परमहंस ने अपने आश्रम के लोगों से एक शर्त रखी और अपने ही घर से थोड़ा चावल चुराने को कहा पर इस बात का ध्यान रखें उन्हें चोरी करते वक्त कोई नहीं देख रहा हो। अगले दिन सभी लोग गर्व के साथ आश्रम में चावल लेकर आए क्योंकि उन्होंने उस काम को पूरा कर लिया था पर स्वामी विवेकानंद खाली हाथ आए, कारण पूछने पर उन्होंने बताया मैंने बहुत कोशिश की पर खुद को चावल चुराते देख लिया इसलिए वह यह नहीं कर सके, क्योंकि उन्होंने दुनिया से अपने कर्म को छुपाने की कोशिश की पर खुद की नजरों में देख रहे थे वह अपने आप को जानते थे, ऐसी कोई स्थिति नहीं होती जब आप अपने कर्मों को सभी से छुपा सकें क्योंकि आप जानते हैं कि आप क्या कर रहे हैं और यह कभी भी आपसे छुपा हुआ नहीं रह सकता है। किसी को दिखाने के लिए नहीं बल्कि खुद की नजरों में सच्चे बनें।

अपने आप पर यकीन रखो आप जितना सोचते हैं उससे कहीं ज्यादा बहादुर हैं।- क्रिस्टीयानो रोनाल्डो

सफलता का मूल एवं प्रथम मंत्र खुद पर विश्वास करना है।

❖❖

10.

शिकायत नहीं करें आभारी बने

कृतज्ञ रहने वाले को और भी दिया जाएगा, शिकायत करने वाले से ले लिया जाएगा।- सीक्रेट बुक

शिकायत नहीं करें आप जिस चीज के लिए शिकायत कर रहे हैं या जिस परिस्थिति के लिए शिकायत कर रहे हैं दुनिया में कई लोग उसी परिस्थिति से भी खराब स्थिति झेल रहे होंगे आपकी तकलीफ कुछ भी नहीं है उनके सामने।

कृतज्ञता संपन्नता है, शिकायत विपन्नता है।- क्रिश्चियन सांइस

एक बात याद रखें कृतज्ञता समृद्धि है और शिकायत गरीबी। अब आप इनमें से जिस पर फोकस करेंगे वही आपकी तरफ आकर्षित होगी। कुछ लोग दिन भर अपनी परेशानियों की ईश्वर से शिकायत करते रहते हैं और उनकी परेशानी बढ़ती ही रहती हैं क्योंकि वह उसे आकर्षित कर रहे हैं चाहे आप किसी भी स्थिति में हों, कितने भी गरीब हों फिर भी कृतज्ञ हो सकते हो कि आप जिंदा हो, आप चल पा रहे हो जिस भी पल आप सुबह उठें जीवन के एक और दिन के लिए ईश्वर का धन्यवाद दें।

रिश्ते में कभी किसी के बारे में धारणा नहीं पाले कि वह ऐसा है, वैसा है। रिश्ते में देने की उम्मीद रखें पाने की नहीं, जैसे वह मेरा फोन अटेंड नहीं कर रहा है अब मैं भी उसका फोन अटेंड नहीं करूंगा। हो सकता है वह फोन घर भूल गया हो या वह ट्रैफिक में हो, कोई ऐसी परिस्थिति रही हो जिसकी वजह से वह बात नहीं कर पाया हो।

किसी भी व्यक्ति को अच्छे से जाने बिना, दूसरों की बातें सुनकर उसके प्रति कोई धारणा बना लेना मूर्खता है। "जिस पर आप फोकस करते हैं वही आपको ज्यादा दिखने लगता है। शिकायत पर ध्यान देंगे तो शिकायतें बढ़ेंगी, नियामतों पर ध्यान देंगे तो नियामतें बढ़ेंगी। इस ब्रह्माण्ड एवं ईश्वर पर भरोसा कीजिए सब कुछ अच्छा होगा।"

हमारे पास जो है उसको हम ग्रांटेड ले लेते हैं, उसकी कद्र नहीं करते हैं। हमेशा कृतज्ञ रहिये, इससे आपका तनाव दूर होगा, खुशी बढ़ेगी। आपके पास आभारी अर्थात कृतज्ञ बने रहने के हजारों कारण हैं।

जैसे-

- ❖ आपको खाना मिल रहा है आभारी रहें।
- ❖ आपको पानी मिल रहा है आभारी रहें।
- ❖ आपकी सांस चल रही है आभारी रहें।
- ❖ आप चल पा रहे हैं आभारी रहें।
- ❖ आपकी नौकरी है आभारी रहें।
- ❖ आप पर माता-पिता का साया है आभारी रहें।
- ❖ आपके जीवन साथी है आभारी रहें।
- ❖ आपके सर पर छत है आभारी रहें।

जो अपने व्यवसाय की ज्यादा शिकायत करता है, रोता रहता है वह हमेशा नुकसान में ही रहता है, क्योंकि वह उसे आकर्षित कर रहा है। नकारात्मक रहने से उनकी तरक्की नहीं होती है।

दो प्रकार के व्यक्ति होते हैं-

1. **शिकायत करने वाले**- यह आदतन शिकायती होते हैं। ये हर व्यक्ति, वस्तु में कमी निकालते हैं। हर बार सोचते हैं मेरे साथ ऐसा क्यों हुआ, शिकायत करते हैं, यह राजनीति, सेलीब्रिटी कौन क्या कर रहा है उस पर ध्यान देते हैं, टिक्का टिप्पणी करते हैं। शिकायत करने वाले सृजन नहीं कर पाते हैं।
2. **आभार प्रकट करने वाले**- अवसर खोजते हैं, समाज सेवा करते हैं, यह हमेशा सीखते हैं, हमेशा तरक्की के लिए काम करते हैं, जो मैं कर सकता हूँ मैं करूंगा शिकायत नहीं करते। अपनी नियामतों के लिए आभारी रहते हैं। सृजन करने वाले कभी शिकायत नहीं करते।

आप किसी को कुछ न कुछ दें, देने से आवक शुरू होती है कुछ लोग कहते हैं मैं कुछ दे नहीं सकता क्योंकि मेरे पास देने को कुछ नहीं है, पैसे की कमी है, अरे दुआएं दीजिए, खुशियां दीजिए, हौसला दीजिए, किसी की जिंदगी में वैल्यु ऐड कीजिए, किसी को इस्माइल दीजिए हर रोज देने पर फोकस करें।

अपनी कंपनी को वैल्यू दीजिए, कुछ लोग अपने काम एवं अपनी कंपनी की बुराई करते रहते हैं कि ये क्या बेकार कंपनी है, पगार कम मिलती है अरे तो छोड़

दो, छोड़ भी नहीं सकता, छोड़ दूंगा तो नौकरी चली जाएगी, खाऊंगा क्या? तो दिल लगाकर काम करना शुरू करो, पगार बढ़ जाएगी।

अगर आप किसी को कुछ देते हैं तो उससे पाने की उम्मीद मत रखो बस आपको जो अच्छा लगे वह कर दीजिए। कुछ लोग किसी से प्यार करते हैं, बदले में उतने ही प्यार की उम्मीद करते हैं। फिर यह प्यार कहां रहा यह तो व्यवसाय हो गया। याद रखें नेकी कर दरिया में डाल।

जब-जब हम परेशान होते हैं, कंप्लेंट करते हैं तब-तब हमें वह नहीं मिलता जो हम जिंदगी में चाहते हैं।

क्रांति लाने के लिए खुद को जलाना पड़ेगा। दूसरों को रोशनी देने के लिए खुद को दीपक बनना पड़ेगा। क्रांति आपके विचारों से शुरू होती है। एक विचार बहुत बड़ी क्रांति ला सकता है। क्रांतिकारी लोग देश की स्वतंत्रता के लिए जान दे देते थे हम खुद को आर्थिक स्वतंत्र करने के लिए शिकायत करना नहीं छोड़ सकते, आलस्य की कुर्बानी नहीं दे सकते क्या, प्रयास नहीं कर सकते क्या? प्रयास आपको ही करना पड़ेगा। कोई व्यक्ति सिर्फ आपको गाइड कर सकता है।

लाइफ में बदलाव के लिए आपको हल्का सा टर्न करना पड़ेगा लेकिन इसका इफेक्ट बहुत बड़ा होगा। एक काम कीजिए चाहे आप कितनी भी खराब परिस्थिति में हो उस परिस्थिति में भी कुछ अच्छा देखकर उसके लिए आभारी रहें बहुत जल्दी आपके जीवन में नियमतें बढ़ने लग जाएंगी।

खुद बदल कर आप दुनिया बदल सकते हैं। अगर आप नहीं बदले और सामने वाले से बदलने की उम्मीद करते हैं यह संभव नहीं है।

हम लोग प्रार्थना का फल आने के बाद धन्यवाद देते हैं। अगर हम पहले ही धन्यवाद दें मानो वह चीज हमको मिल चुकी है। कृतज्ञता का भाव हमको चुंबक बनाता है। हम चुंबक बनकर समृद्धि, सकारात्मकता को आकर्षित करते हैं पर्याप्त का भाव हमारे जीवन में सकारात्मक चीजों को आकर्षित करता है जबकि अभाव का भाव नकारात्मक चीजों को आकर्षित करता है।

अधिकतर लोग किसी न किसी बात पर शिकायत करते रहते हैं। जैसे इसे ऐसा करना था उसे वैसा करना था, आज बारिश नहीं होती तो अच्छा रहता, आज गर्मी ज्यादा है इस प्रकार की अनगिनत शिकायतें करते रहते हैं। ऐसा करने से मन नकारात्मक भावनाओं से भर जाता है। क्योंकि यह सब हमारे हाथ में नहीं है, लेकिन हमारा मन तो हमारे हाथ में है। हम अपना नजरिया बदल कर शिकायत को

शुक्रिया में बदल सकते हैं। आभारी रूख को अपना कर हम चुनौतियों को कोसने की बजाय उन्हें धन्यवाद दें कि वह हमें जीवन में आगे बढ़ने का अवसर दे रही हैं।

क्यों हमारा ध्यान उस चीज पर ही हमेशा जाता है जो हमारे पास नहीं है क्योंकि हम उन चीजों के लिए खुश नहीं होते जो हमारे पास ऑलरेडी हैं इसलिए जो आपके पास है उसके लिए आभारी रहें क्योंकि जो आपको मिला है वह बहुत लोगों को नहीं मिला। उसे प्राप्त करना उनका सपना है, इसलिए हमेशा अपनी नियामतें गिने जो नहीं है उसका दुःख न मनाएं।

दो चीजों की गिनती करना छोड़ दें खुद का दुःख और दूसरों का सुख, जिंदगी आसान हो जाएगी।

मैं हर चीज पर रोता रहा कि मेरे पास जूते नहीं है लेकिन तब तक रोता रहा जब तक मैंने किसी ऐसे इंसान को नहीं देख लिया जिसके पाव नहीं थे। हमारा एक जूता फट गया हम शिकायत करना शुरू कर देते हैं, गर्मी ज्यादा है शिकायत, ठण्ड ज्यादा है शिकायत हर चीज के बारे में शिकायत। आज से आभारी रहें, आभारी रहने से हमारी खुशी एवं तरक्की बढ़ती है।

जो है, उसका शुक्रिया अदा करो या जो नहीं है उसका दुःख मनाओ, चुनाव आपका है।- उज्जवल पाटनी

कृतज्ञता जिंदगी में ज्यादा अच्छी चीजें लाने का उपाय है। अगर आप पहले से आपके पास मौजूद चीजों के लिए कृतज्ञ होते हैं तो आपको आपकी मनचाही चीजें मिलने लगती हैं इसलिए आपके पास जो भी है उसके लिए आभारी रहें अगर आपके पास मारुति 800 है तो आभारी रहें एक दिन आपको बड़ी कार मिल जाएगी जो भी आपके पास है उसकी कभी बुराई नहीं करें नहीं तो वह चीज भी चली जाएगी।

"जिसके भी पास कृतज्ञता हैं उसे अधिक दिया जाएगा और वह समृद्ध होगा और जिसके पास कृतज्ञता नहीं है उसके पास जो है वह सब भी उससे ले लिया जाएगा।"

अपनी कमियों का रोना रोना बंद करें, ईश्वर ने जो दिया है उसी का शुक्रिया अदा करें। क्योंकि ईश्वर ने जितना दिया उतना औरों को नसीब नहीं हुआ है। मिलता तो बहुत कुछ है इस जिंदगी में, बस हम गिनती उसी की करते हैं जो हासिल न हो सका।

एक वह जो कहते हैं हमारी जिंदगी में कोई भी परेशानी आये उसके लिए या तो सरकार, सोसाइटी या व्यापारी जिम्मेदार है। अगर सरकार सोसाइटी, व्यापारी को जिम्मेदार मान लिया तो अब इनको सुधारो और इनको सुधारना आपके हाथ में नहीं है।

दूसरे वह जो कहते हैं मेरे साथ जो कुछ भी हुआ उसका जिम्मेदार मैं हूँ। खुद जिम्मेदारी लेते हैं और खुद में सुधार करते हैं, तरक्की करते हैं।

इन दोनों में से कौन तरक्की करेगा दूसरे वाला जो कहता है मैं जिम्मेदार हूँ अगर खुद को जिम्मेदार मानते हो। तो फिर तरक्की भी खुद की होती है क्योंकि सारी ऊर्जा आप अपने पर लगाते हो जिस दिन आपको यह पता चल जाये मैंने जो खोया पाया उसका जिम्मेदार में हूँ। उस दिन से आपकी शिकायतें खत्म हो जाएंगी।

दूसरों की गलतियां निकालने वाला कभी अपने जीवन को बेहतर नहीं बना पाता।

खुद को सुधारे बिना, दूसरों के साथ संबंध सुधारने की कोशिश करना व्यर्थ है। कुछ दंपति दुःखी इसलिए रहते हैं क्योंकि वे दोनों ही सामने वाले को बदलना चाहते हैं। दोनों एक-दूसरे के दोष गिनाते हैं एवं दोनों ही एक-दूसरे को अपने सांचे में ढालना चाहते हैं। उनका रिश्ता खराब होने लगता है। इसलिए पहले खुद को सुधारें।

दूसरों की गलतियां निकालने वाला कभी अपने जीवन को बेहतर नहीं बना पाता।

अगर आप हमेशा शिकायत करते रहते हैं कि मेरे साथ ऐसा हुआ वैसा हुआ तो आज से एक काम कीजिए हमेशा दो लाइन लिखें कि आज आपके साथ क्या अच्छा हुआ जैसे आज आपकी किसी ने सहायता की, आज आपको पार्किंग आसानी से मिल गयी, आज आपको किसी ने गिफ्ट दिया, आज आपके काम की आपके बॉस ने तारीफ की। अगर आप एक महीने तक ऐसा करते हैं तो आपके जीवन में नियामतें बढ़ने लग जाएंगी। बस हमेशा सोने से पहले लिखें। अगर आपके किसी के साथ रिश्ते खराब हैं और आप उस रिश्ते को अच्छा करना चाहते हैं तो आज से लिख सकते हैं कि उस व्यक्ति ने मेरे साथ क्या अच्छा किया था, उसमें क्या अच्छाई है एक महिने तक अच्छाई लिखने से उस रिश्ते में बदलाव महसूस करेंगे, रिश्ता अच्छा होने लगेगा, इसमें सिर्फ दो मिनट लगेंगे पर जीवन बदल जायेगा।

खुशी कोई रेडीमेड चीज नहीं है यह आपके अपने कर्मों से आती है।- दलाई लामा

जिस समय से हमारा मन दूसरों के लिए शुभ सोचना प्रारंभ कर देता है शांति उसी समय से हमारे जीवन में प्रविष्ट हो जाती है।

कुछ समय पहले मैं सूरत गया एक परिचित की शादी में, वहां मुझे उनके एक रिश्तेदार दंपत्ति मिले। उनके फ्लैट में गए, अच्छी सोसायटी में फ्लैट ले रखा था। बहुत अच्छा फ्लैट था। फ्लैट में एक रूम भगवान के लिए था जिसमें उनके आराध्य देव का मंदिर था। वह भगवान को हमेशा बालभोग लगाते, पूजा करते थे। उन्होंने कहा इस फ्लैट में हम दोनों और हमारे आराध्य देव रहते हैं। मैंने कहा आपके बच्चे नहीं है क्या? उन्होंने बताया हो सकता है मेरे पुराने कर्म या ईश्वर से मेरा कोई लेन-देन बकाया होगा इसलिए ईश्वर ने बच्चे नहीं दिए जैसी ईश्वर की मर्जी, उनको ईश्वर से कोई शिकायत नहीं थी। दोनों दंपति बहुत प्यार से रहते हैं। उनका बहुत बड़ा व्यापार एवं कारखाना है। कितनी अच्छी सोच है उनकी।

जबकि हम लोग ईश्वर से शिकायत करने लग जाते हैं मुझे बच्चे क्यों नहीं दिए या कुछ लोग तो पत्नी को ही बदल देते हैं, रिश्ते तोड़ देते हैं कि बच्चे नहीं हो रहे हैं। इस सच्ची घटना से बहुत सीखने को मिलता है। उनकी बात मेरे दिल को छू गई, धन्य हैं ऐसे व्यक्ति।

आपकी जिंदगी में होने वाली हर चीज के जिम्मेदार आप स्वयं हैं। इसे आप जितना जल्दी समझ जाएंगे, आपकी जिंदगी उतनी जल्दी बेहतर हो जाएगी।

❖❖

11.

कर्म सफलता की चाबी, टेक मैस्सिव एक्शन

आप जो कर सकते हैं करें, जो उपलब्ध है उसी से करें, जहां भी आप हैं वहीं से करें, बस कर डालें।- थियोडोर रुजवेल्ट

भारत पाकिस्तान के बीच 2007 में शारजाह कप दुबई में खेला जा रहा था। उस पूरी सीरीज में सचिन तेंदुलकर ने सबसे ज्यादा रन बनाए। फाइनल मैच रात को दस बजे खत्म हुआ। साढ़े दस बजे अभिवादन समारोह चल रहा था। अवार्ड दिए जा रहे थे। सचिन तेंदुलकर को मैन ऑफ द सीरीज की ट्रॉफी दी गई और सुबह छः बजे मुंबई के वानखेड़े स्टेडियम में सचिन तेंदुलकर प्रेक्टिस कर रहे थे। कितना समर्पण था। एयरपोर्ट से सीधे स्टेडियम आ गए थे अभ्यास के लिए, खेल के प्रति कितना जुनून घर भी नहीं गए। एक कहावत है प्रेक्टिस मेक ए मेन परफेक्ट।

किसी जरूरी और ठोस उपलब्धि के लिए कई सालों के अथक शिक्षण और समाज से दरकिनार होने की दरकार होती हैं।- गेराल्ड साइक्स

जो आलस्य की दोड़ में आगे रहते हैं वह सफलता की दोड़ में पिछड़ जाते हैं।

तैरना सीखने के लिए कितनी किताबें पढ़नी पढ़ेंगी, कितने नोटस बनाने होंगे, कितना वजन होना चाहिए, कितनी लम्बाई होनी चाहिए इनकी जरूरत नहीं है सिर्फ पानी में कूदने की जरूरत है अभ्यास की जरूरत है। कोई सोचे मैं तैरना सीख कर ही पानी में कूदूंगा, क्या यह सभंव है? नहीं! परफेक्ट बनकर काम शुरू नहीं किया जा सकता, शुरू कर दो रास्ते में परफेक्शन आना शुरू हो जायेगी। सीखने का सबसे अच्छा तरीका है आप जो करना चाहते हैं उसका अभ्यास करें।

स्टार्ट करने के परफेक्ट टाइम का इंतजार करने की जगह जब हम स्टार्ट कर देते हैं तो टाइम परफेक्ट होना शुरू हो जाता है।

आउटलायर बुक में बताया गया है कि दस हजार घंटे के अभ्यास से हम किसी भी काम में मास्टर बन सकते हैं। व्यवसाय में सफलता के शिखर पर जा सकते हैं। एकाग्रचित होकर काम करें।

90-90-1 नियम- प्रति दिन पहले 90 मिनिट 90 दिन तक किसी एक लक्ष्य पर फोकस करने से लाइफ में जबरदस्त बदलाव आ जाता है।

कुछ लोग इतने सालों से सोच रहे हैं कि मुझे नई स्किल सीखनी है पर उसके लिए समर्पित होकर कार्य नहीं कर रहे हैं। सफलता कभी रेडीमेड नहीं होती है इसे प्राप्त करने के लिए मेहनत करनी पड़ती है, जलना पड़ता है अपने जीवन को चमकदार बनाने के लिए अगर सूरज की तरह रोशन होना चाहते हो तो सूरज की तरह जलना पड़ेगा।

जिसे करना सरल है, उसे नहीं करना भी सरल है।- जिम रॉन

अगर गाड़ी चलाने का डर है, तो यह डर घर में बैठकर दूर नहीं होने वाला इसके लिए आपको गाड़ी में बैठना पड़ेगा, जिसको गाड़ी आती है उसको बाजू में बिठाना पड़ेगा, चाबी घुमानी पड़ेगी, गियर डालना पड़ेगा ये एक्शन लेने पड़ेंगे तब ही आपका डर खत्म होगा।

आप किसी काम में सम्मिलित होते हैं या समर्पित होते हैं यह बहुत मायने रखता है आपकी सफलता में।

एक्शन लेते समय खुद पर दया नहीं करें पूरी शिद्दत से कार्य करें चाहे आप थक गए हों विजेता तब रुकते हैं जब वह जीत जाते हैं और लुजर तब रुकते हैं जब वह थक जाते हैं अपने आप पर दया मत करो, इतने सालों से दया ही कर रहे हो अब एक्शन लो लाड-प्यार से कुछ नहीं होने वाला है। कभी-कभी अपने ऊपर बहुत हार्ड होना पड़ता है तब ही लक्ष्य प्राप्त होते हैं। लक्ष्य प्राप्त नहीं होने का मुख्य कारण सपना बड़ा है, पर कार्यवाई जीरो है।

सितारे उन्हीं के चमकते हैं, जो मजबूरियों का रोना नहीं रोया करते।

जितने भी खिलाड़ी हैं यह खुद पर दया नहीं करते हैं, बहुत पसीना बहाते हैं चाहे किसी भी स्थिति, परिस्थिति में हों प्रैक्टिस नहीं छोड़ते हैं। सचिन तेंदुलकर

बुखार होने पर भी कभी प्रैक्टिस मिस नहीं करते थे इस आदत की वजह से वह क्रिकेट के भगवान कहलाये।

अगर कुछ करना है तो कुछ समय के लिए इस दुनिया के अस्तित्व को भूल जाओ अपने पेरेंट्स की मौजूदगी भूल जाओ। वह चाहे कितने अमीर या गरीब हैं,जब कोई बिजनेस सेटअप करो उदाहरण चाय का ठेला, पानी पुरी का ठेला क्योंकि वह फोन करेंगे या इमोशनल कर घर लेकर जाएंगे, डरा देंगे कि लोग क्या कहेंगे और सबसे अच्छा बहाना हम लोगों के पास है कि माता-पिता ने करने नहीं दिया। अब बताओ जब आपको पहली बार शराब पीने जाना था तब आपने अपने माता-पिता से पूछा था क्या, जब आपको पहली बार सिगरेट पीनी थी तो आपने उनसे से पूछा था। आपको पहली बार किसी लड़की को प्रपोज करना था आपने उनसे पूछा था क्या? तो अब कोई अच्छा काम जैसे चाय का ठेला, पानी पुरी का ठेला लगा रहे हो तो अपने माता-पिता से क्यों? पूछ रहे हो जब आपने बुरे काम के लिए उनसे नहीं पूछा तो अच्छे काम के लिए क्यों उनका सर्टिफिकेट लेते घूम रहे हो कि वह बोलेंगे तो मैं ऐसा करूंगा। यह तो बहाने हैं लोगों के लिए, सबसे आसान चीज है इस दुनिया में न होने के लिए अपने माता-पिता पर ठीकरा फोड़ देना। यह तो झूठ है कि उन्होंने नहीं करने दिया। जाओ न साल भर सिर झुका कर काम करो। खाते में पैसा आएगा तो अपने आप माता-पिता मान जाएंगे।

"अगर कुछ आपके लिए महत्वपूर्ण है तो आप रास्ता अवश्य ढूंढ लेंगे और अगर नहीं है तो आप बहाना ढूंढ लेंगे।"

किसी भी काम को छोटा मत समझो। किसी भी काम को शिद्दत से करो। आप चाय बेचकर करोड़पति बन सकते हैं। आप पानी पुरी बेचकर करोड़पति बन सकते हैं। बस आपका उस काम के प्रति जुनून होना चाहिए जिस काम के प्रति आपका जुनून होता है तो आप उस काम के प्रति कंप्रोमाइज नहीं करते हैं। जो भी करो कमाल का करो उसमें पूरे प्राणों से अपना 100 प्रतिशत दो, अपना बेस्ट दो एक दिन आप चमक जाओगे उस काम से।

"बड़ा कमिटमेंट नहीं तो, बड़ा करने की प्रेरणा नहीं" कमिटमेंट बड़ा होगा तो सामथ्र्य भी बड़ा होगा।

एक बार देवता इंसानों से नाराज हो गए इसलिए वर्षा करना बंद कर दिया। धरती पर सूखा पड़ गया एक वर्ष हो गया, दो वर्ष हो गये, तीन वर्ष हो गए पर

धरती पर एक भी बूंद पानी नहीं गिरा, धरती पर लोग त्राहि-त्राहि कर उठे लेकिन उसमें से एक किसान ऐसा था जिसने सूखे की परवाह किए बिना नियमित अपने खेत में हल चलाना जारी रखा तो गांव वालों ने कहा, क्यों बेकार की मेहनत करते हो? बारिश का तो दूर-दूर तक अंदेशा नहीं है। तब किसान ने कहा मैं बारिश की उम्मीद से या फसल के लिए हल नहीं चलाता हूं। मैं तो इसलिए हल चलाता हूं कहीं बैठे-बैठे मेरी कर्म करने की शक्ति कमजोर नहीं हो जाए। किसान की बात आसमान में देवताओं ने सुनी। इंद्र देवता किसान के खेत का नजारा देख सोचने लगे कि इस किसान की आदत तो बरकरार है, कहीं ऐसा नहीं हो कि मेरी तीन वर्ष में पानी बरसाने की शक्ति क्षीण हो गई हो, उन्होंने बारिश शुरू की। उस किसान के श्रम से धरती पर बारिश हो गई।

कर्म करते रहो फल की चिंता किये बिना।

खिलाड़ी मैदान में पूरे जोश के साथ जाते हैं। उछलते-कूदते हुए खुद को अच्छी कमान देते हुए आइ विल रेडी, आई एम चैंपियन ये अपने आपको फिजीकली मेंटली तैयार करते हैं। लेकिन हम ऑफिस या काम पर जाते हैं तो जोश के साथ जाते हैं क्या? नहीं हम लोग तो सप्ताह के अंत मे खुश होते हैं कि छुट्टी है काम पर नहीं जाना है। सप्ताह के प्रारम्भ में जोश खत्म हो जाता है। हमें घर से अपने काम पर जोश के साथ जाना चाहिए। जिस दिन हम अपने काम को जोश के साथ करने लग जाएंगे हमें उस काम में अच्छे परिणाम मिलने लग जाएंगे।

वो ज्यादा करिये जिससे परिणाम मिलते हैं वो करना बंद कर दीजिए जिससे परिणाम नहीं मिल रहे।

नीरज चौपड़ा ने जब गोल्ड मेडल जीता है आप देख रहे हैं वह हर जगह छाए हुए हैं, ऐड में, टीवी शो में, एक्टर उनके साथ फोटो खिंचवा रहे हैं, राजनेता उनकी तारीफ कर रहे हैं, ऐसा कोई ब्रांड नहीं जो उनके पीछे नहीं पड़ा हो। एक बात बताओ कहां थे यह लोग, यह ब्रांड आज से ठीक एक वर्ष पहले नीरज चौपड़ा तो तब भी थे, तब कोई नहीं आया फोटो खिंचवाने। कोई नहीं आया अपने शो में बुलाने। जब आप अकेले में मेहनत कर रहे होते हैं आप स्ट्रगल कर रहे होते हैं और जब तक आपको वह सफलता नहीं मिल जाती उस बीच के समय में आपको सपोर्ट करने कोई नहीं आयेगा। इसलिए खुद पर विश्वास रखकर कर्म करते रहें।

“कोशिश के कष्टकारी होने के बावजूद जो इंसान चलता रहता है जीत उसी की होती है”।- रोजर बैनिस्टर

जब हम प्रयास करते हैं तो समस्या खुद हार मान लेती है यदि आप कोशिश करते हो और कुछ भी हासिल नहीं होता है तो उसमें आपकी कोई गलती नहीं है लेकिन यदि आप जरा भी कोशिश नहीं करते और आप हार जाते हैं तो इसमें पूरी गलती आपकी है।

मेहनत वो सुनहरी चाबी है जो बंद भविष्य के दरवाजे भी खोल देती है।

जीवन में जब उम्मीद की कोई किरण शेष न रहे उस स्थिति में भी कोशिश, प्रार्थना और धैर्य इन तीनों चीजों का परित्याग नहीं करना चाहिए।

जब तक आप कोशिश नहीं करते तब तक कोई काम नहीं हो सकता अर्थात आप काम करने की कोशिश करोगे तब ही दूसरे आपको सपोर्ट कर पाएंगे। जिस काम में आप ऐक्सपर्ट होना चाहते हैं उसे बार-बार करें। ब्रुस ली ने कहा अलग-अलग प्रकार के दस हजार पेच कोई मारे उससे मुझे खतरा नहीं लेकिन जिसने एक पेच को दस हजार बार मारने की प्रैक्टिस की हो वह मेरे लिए बहुत बड़ा खतरा है।

जुटने से ही दिमाग की अंगीठी जलती है। शुरू कर दें; काम पूरा हो जाएगा।- गेटे

एक व्यक्ति ने दुनिया का सबसे बड़ा इनसाइक्लोपीडिया अर्थशास्त्र लिखा, उनसे पूछा गया आपने ये कैसे लिखा। उनके कई तेल के कुएं हैं, जो बड़े-बड़े मिलिनेयर्स को भी काउंसलिंग देते हैं उन्होंने कहा मुझे कॉफी बनाना बहुत पसंद है। मैं मेरी कॉफी खुद बनाता हूं। कॉफी बनाने में 7 मिनट का समय लगता है यह 7 मिनट मैंने 14 साल तक लिखा और यह हो गया। अनवरत प्रयास से बड़ी से बड़ी उपलब्धि हासिल की जा सकती है।

आपने लक्ष्य लिख लिया, सकारात्मक सोचना शुरू कर दिया लेकिन आप तब तक अपने सपनों को साकार नहीं कर सकते जब तक आप कर्म करना शुरू नहीं करते अगर आप हाथ पर हाथ धरे बैठे रहें और सफलता मिल जाएगी संभव नहीं है आपको एक्शन लेना होगा।

"किसी काम को कर पाने का इससे बेहतर सबूत और क्या होगा कि कुछ और लोग भी उसे पहले कर चुके हैं"।- बरट्रेंड रसैल

"जब तक आत्मविश्वास या उम्मीद न हो साहस नहीं दिखाई देता या यूं कहें किसी भी बड़े काम का आधा हिस्सा तो इसी बात पर निर्भर करता है कि क्या आपमें उसे करने का विश्वास है"।- ओरिसन स्वेट मार्डन

अगर काम करने के पीछे की वजह साफ हो तो काम की रफ्तार सो फिसदी बढ़ जाती है। किसी एथलीट ने कहा मैं तब नहीं रुकता जब मैं थक जाता हूं मैं तब रुकता हूं जब मेरा मकसद पूरा हो जाता है।

जब तक किसी काम को हम शुरू नहीं करते तब तक वह काम नामुमकिन ही लगता है।

सफलता का एक ही रास्ता है मैस्सिव एक्शन मतलब अपने सपनों एवं लक्ष्य को हासिल करने की पूरी-पूरी जिम्मेदारी लेना यह मान लेना कि जो भी करना है मुझे ही करना है साथ-साथ अपनी समस्या, डर, बहाने, खराब किस्मत का स्वामित्व एवं उन्हें दूर करने की जिम्मेदारी भी लेना।

मैस्सिव एक्शन की सबसे बढ़िया बात है कि यह कभी भी आम लोग नहीं ले सकते हैं। इसलिए अगर आप लगातार मैस्सिव एक्शन ले रहे हैं तो अपने आप कॉम्पीटीशन पीछे छूट जाएगा। मैस्सिव एक्शन का मतलब हम अपनी सबसे जरूरी चीजों पर फोकस (लक्ष्य) होकर लगातार काम करें जिससे ज्यादा बड़े रिजल्ट आये मैस्सिव एक्शन के लिए कितना कुछ करना पड़ेगा, बहुत त्याग करना पड़ेगा। एक दिन नहीं हर दिन जब तक लक्ष्य प्राप्त नहीं हो जाता।

हम मैस्सिव एक्शन ले रहे हैं या नहीं इस प्रकार जान सकते हैं। अगर हम अपने आप से हर मौके पर न केवल ज्यादा एक्सेप्ट करने लगते हैं बल्कि ज्यादा करने की कोशिश करने लगते हैं मतलब कॉन्सियसली अपना पर्सनल स्टैंडर्ड बढ़ा रहे होते हैं।

जिंदगी में कभी-कभी बड़ी शुरुआत करने के चक्कर में हम छोटी शुरुआत भी नहीं करते हैं। लेकिन यह मायने रखता है आप शुरुआत करें चाहे वह छोटी ही क्यों न हो, क्योंकि जब भी आप किसी काम की छोटे रूप से शुरुआत करते हैं तो वह आगे चलकर बड़ा हो जाता है आपकी मेहनत से लेकिन इंपोर्टेंट यह है कि आप किसी भी काम की शुरुआत तो करें, सोचने से अच्छा है शुरुआत करें।

दो कदम की शुरुआत से भी बड़ी से बड़ी मंजिल प्राप्त हो सकती है।

एक समय की बात है एक राजा था, उस राजा के मित्र राज्यों से बहुत अच्छे संबंध थे। सभी के यहां आना-जाना लगा रहता था इसलिए उपहार में कभी जेवर, कभी वस्त्र, कभी कुछ न कुछ वस्तुएं आती रहती थीं। एक दिन उनके दरबार में एक विदेशी मेहमान आया उसने जाते समय राजा के सत्कार से खुश होकर राजा को एक कीमती पत्थर उपहार दिया। राजा को वह पत्थर बहुत ही अच्छा लगा। उसने अपने मंत्री को उस पत्थर से भगवान की मूर्ति बनवाने का हुक्म दिया। मंत्री एक कारीगर के पास जाकर उसे वह पत्थर देकर कहता है इसकी एक अच्छी सी मूर्ति बना दो इसके बदले तुम्हें जो चाहिए वह मिलेगा। साथ ही सोने की सो मोहरें दी जाएंगी। यह सुनकर कारीगर बहुत खुश होता है। वह काम शुरू करता है। वह उस पत्थर को तोड़ने लगा, जिससे अच्छी मूर्ति बना सके कई बार चोट मारने पर भी वह पत्थर नहीं टूटा। उसने उस पर लगभग 50वीं अतिंम चोट मारकर कहा यह काम मुझसे नहीं होगा। इतनी चोट से यह पत्थर नहीं टूटा तो अब क्या खाक टूटेगा। वह उस पत्थर को वापस मंत्री को दे देता है मंत्री को तो किसी भी हाल में मूर्ति बनवानी थी। मंत्री उस पत्थर को लेकर दूसरे कारीगर के पास जाता है जैसे ही उस कारीगर ने एक चोट मारी पत्थर टूट गया और मूर्ति बना दी। उसे सो मोहरें दी गईं। अगर पहले वाले कारीगर ने एक अंतिम प्रयास भी किया होता तो यह सोने की मोहरें उसकी होतीं।

कई बार हम बहुत मेहनत करते हैं फिर भी असफल हो जाते हैं। सोचते हैं यह काम मेरे से नहीं होगा, एक प्रयास और करें, थोड़ी मेहनत और करें शायद जिस वक्त आप उस काम को छोड़ रहे हों उसके अगले ही बार में वह काम हो जाए। याद रखें मेहनत अपना असर जरूर दिखाती है। मेहनत करते रहें अगर आप रुक गए तो वह सोने की मोहरें कोई और ले जायेगा।

जब आप कुछ नहीं कर सकते तब एक चीज जरूर करें एक प्रयास।

जिंदगी में कुछ भी ऑटोमेटिक या बाई चांस नहीं होता, क्रिएट करना पड़ता है आपको जैसी जिंदगी चाहिए अपने एक्शन से, अपनी सोच से, अपने इंटेंशन से वैसी जिंदगी का निर्माण कर सकते हो। प्रतीक्षा करना बंद करो अभिनय शुरू करो। कुछ लोग बोलेंगे फिर धैर्य क्या होता है? धैर्य मतलब इंतजार करना, इंतजार करते रहिए चीजें अच्छी होंगीं लेकिन धैर्य का यह मतलब नहीं है कि हाथ पर हाथ

रखकर बैठे रहना। धैर्य का मतलब है अच्छे का इंतजार करना और अपने कंट्रोल में जो है उसे लगातार करते रहना।

आप जो हो सकते थे उसके लिए अभी देर नहीं हुई।- जार्ज एलियट

अगर मन में कुछ करने का जज्बा है तो परिस्थितियों की औकात नहीं आपको रोक सकें।- सुनील कुमार खोइवाल

अगर जिंदगी में कुछ बड़ा करना है तो जीवन में मिलने वाली तकलीफों से गुजरना ही पड़ेगा। आज का दर्द ही कल का सुख बनता है। चाहे कुछ बनने के लिए हार्ड वर्क का दर्द हो, जैसे पत्थर पर छैनी हथौड़ा पड़ने के बाद ही एक खूबसूरत मूर्ति बनती है जब तक हम जिंदा रहेंगे तब तक दर्द हमारे साथ रहेगा। हम हमारे जीवन के दर्द को चुन सकते हैं।

- ❖ व्यायाम का दर्द अच्छा है बजाएं मोटापे की बीमारियों से होने वाले दर्द से।
- ❖ पढ़ाई करने का दर्द अच्छा है बजाएं कल फेल होने के दर्द से।
- ❖ आज मेहनत करके खुद को बेहतर बनाने का दर्द अच्छा है बजाए कल असफल होने के दर्द से।
- ❖ आज पैसा कमाने के लिए दर्द अच्छा है बजाय कल गरीबी और लाचारी में मरने के दर्द से।
- ❖ आज अपने सपनों के लिए कार्य करने का दर्द अच्छा है कल पछतावे के दर्द से।

कल को आसान बनाने के लिए आज आपको कड़ी मेहनत करनी पड़ेगी।

"टोनी रॉबिंस ने कहा जब कोई चीज असंभव सी लगने लगे और आप हथियार डालने ही वाले हो, तो मानकर चलिए कि जीत करीब है।"

500 सफल लोगों पर रिसर्च की गई इनमें एक चीज कोमन पायी गई, जिससे उन्होंने अपने सपने पूरे किए वह अपने काम में डूबे हुए थे। अपने कार्य से प्यार करते थे उन्होंने कभी आधे-अधूरे मन से कार्य नहीं किया। अपने कार्य के प्रति पैशनेट थे। अगर आप थक गए मतलब आपकी अपने काम के प्रति लगन नहीं है। आदमी थकान के लिए बना ही नहीं है। आदमी तभी थकता है जब उसे उस कार्य में रुचि नहीं है। कर्नल सैंडर 1009 बार रिजेक्ट होने के बाद भी नहीं थके थे।

याद रखें व्यक्ति काम की अधिकता से नहीं वरन अनियमितता से थकता है।

❖❖

12.

वर्तमान में जिये, सोच आगे की रखें

"जो लोग भविष्य की योजना नहीं बनाते, उनका कुछ भविष्य नहीं होता"।- माइकल कामी

भविष्य बनाना है तो वर्तमान की आहुति देनी पड़ेगी, वर्तमान की आहुति दिए बिना सुनहरा भविष्य नहीं बना सकते हो।

एक बार एक महिला का रेप हो गया वह बहुत निराश, परेशान और खुद को कमजोर एवं असहाय समझने लगी। शरीर कमजोर हो गया। विदेश में शिफ्ट हो गई फिर भी परेशान और कमजोर महसूस कर रही थी। किसी ने कहा अब 10 वर्ष हो गए हैं खुद को संभालो किसी कोच की सहायता लो। उसने एक कोच से बात की। कोच को उसने पूरी स्टोरी सुनाई। 30 मिनट में कोच ने कहा, क्षमा करें मैडम मुझे समझ नहीं आया वापस बताएं इस बार उसने 10 मिनट में बता दिया फिर कोच ने कहा क्षमा करें मैडम वापस बताएं, उसने कहा तुम पागल हो क्या यह सुनना चाहते हो मेरा रेप हुआ था।

हाँ, यही आप का रेप हुआ था भूतकाल में सिर्फ एक बार, पर आप हमेशा इस बात को सोच-सोचकर खुद का रेप कर रही हो। चेंज योर स्टोरी जो होना था वह हो गया अब इसे बदलो आगे देखो और आगे बढ़ो।

लाखों-करोड़ों लोगों ने तो अपनी खुशियां गिरवीं रख रखी हैं कि उसने मुझे ऐसा बोल दिया। अब वह मुझसे क्षमा मांगे। अरे आप उसे नहीं बदल सकते हैं, खुद को बदलो। कहने से क्या हो गया उस बोझ को कब तक लेकर चलोगे। जीवन में कोई परेशानी आए तो धैर्य से उसका सामना करें। जल्दबाजी में कोई गलत निर्णय नहीं लें कुछ समस्याओं को हम हल नहीं कर सकते वे एक समय के बाद अपने आप ठीक हो जाती हैं।

आगे बढ़ने के लिए छोटी-छोटी बातों को छोड़ना होगा। अगर आप ऊपर चढ़ना चाहते हैं तो आपको नीचे की सीढ़ी को छोड़ना होगा, उसने मुझे ऐसा कहा, वैसा

कहा, छोटी चीजों से फोकस हटाना होगा यह छोटी चीजें ही बाद में बड़े फसाद की जड़ होती है। इसलिए छोटी चीजों को इग्नोर करें गलती मेरी भी हो सकती है गलती आपकी भी हो सकती है अगर हम दोनों ने इगनोर कर दिया तो रिश्ता चलेगा, पार्टनरशिप चलेगी, दोस्ती चलेगी, जो होना था भूतकाल में हो गया उसे छोड़कर आगे बढ़ो। जब-जब छोटी चीज को ज्यादा ऊर्जा दी गयी तब तब दिक्कतें हुई।

कस्तूरी मृग अपने में जो खुशबू है उसे बाहर ढूंढता है उसी तरह हम भी हमारे में जो हैप्पीनेस है उसे बाहर ढूंढ रहे हैं, खोज रहे हैं। अगर आप आज खुश नहीं हैं तो आप अपने लक्ष्य को प्राप्त करने के बाद भी खुश नहीं होंगे।

अगर आप प्रोसेस को इंज्वाय नहीं कर रहे हैं तो क्या होगा मानो आज आपके पास मारुति है आपका लक्ष्य है मर्सिडीज। आपको लगता है कि मर्सिडीज खरीद कर आप खुश होंगे तो आज आपके पास मारुति है, जब आपने उसे खरीदी थी तब वह मर्सिडीज के बराबर ही थी। अगर वह आज खुशी नहीं दे रही है तो विश्वास रखिये वह मर्सिडीज भी पहले एक महीना खुशी देगी फिर एक महीने बाद मर्सिडीज में भी मारुति की तरह मुंह चढ़ा कर बैठोगे। इसलिये वर्तमान में खुश रहिये।

स्कूल में एक बच्चे से पूछा तू खुश कब होगा तो उसने कहा में बोर्ड में हूँ जब मेरिट में आऊँगा तब खुश होऊंगा। फिर मेरिट में आने के बाद पूछा अब तो खुश है? नहीं! जब में 12वीं में मेरिट में आऊंगा तब खुश होऊंगा। जब 12वीं में मेरिट में आ गया तब पूछा अब तो खुश है? नहीं! जब मेरा अच्छे कॉलेज में एडमिशन हो जाएगा तब खुश होऊंगा। फिर अच्छे कॉलेज में एडमिशन हो गया तब पूछा अब तो खुश है? नहीं! जब मेरी डिग्री हो जाएगी तब खुश होऊंगा, जब डिग्री हो गई तब पूछा गया, अब तो खुश है? नहीं! जब में कैरियर बना लूंगा, अच्छी जॉब और पैसा कमा लूंगा तब खुश होऊंगा। जब पैसा कमा लिया अब तो खुश है नहीं मैं जिस इंसान से प्यार करता हूँ उससे शादी हो जाएगी तब खुश होऊंगा, जब उससे शादी हो गई तब पूछा अब तो खुश है? नहीं! जब मेरे बच्चे होंगे तब खुश होऊंगा। ठीक है अब बच्चे हो गये अब तो खुश हैं? नहीं। जब हमारे बच्चों के भी बच्चे हो जाएंगे तब खुश होऊंगा। बस यही है कहानी पूरी जिंदगी खुश होने की तैयारी में बीत जाती है मगर खुश कब होंगे यह पता नहीं।

हमें इस अपेक्षा से नहीं जीना चाहिए कि जब हम किसी वस्तु या लक्ष्य को पा लेंगे तभी हम प्रसन्न होंगे। प्रसन्नता तो हमारे जीवन में हर क्षण होनी चाहिए। सब

दुःख दूर होने के बाद मन प्रसन्न होगा यह केवल भ्रम है। मन प्रसन्न रखने से सब दुःख दूर हो जाएंगे यह सच्चाई है। जब आप लक्ष्य अचीव करोगे तब करोगे पर आज से ही खुश रहो आपकी यात्रा आसान हो जाएगी।

अगर आज आप खुश नहीं हैं तो कल खुश होंगे क्या भरोसा।

लोगों की अधिकतर समस्याओं का मुख्य कारण पता है क्या है, कि वह अपने जीवन में जो समस्या है उसकी गिनती करते रहते हैं। इस वजह से वह दुःखी रहते हैं एवं बाकी लोग उनको दिखते हैं उनके आस-पास के मित्र, पड़ोसी, रिश्तेदार आदि उनके जीवन में जो खुशी, दिखती है अर्थात जो उनके सुख दिखते हैं उनकी वह गिनती करते हैं उनके पास तो यह है, वह है मेरे पास तो नहीं। इस वजह से वह दुःखी रहते हैं। इसलिए अपने दुःख एवं दूसरों के सुख की गिनती करना छोड़ दो।

जब आप उसी चीज पर फोकस करते हैं जो आपको दुःखी करती है, आपको रुला रही है, परेशान कर रही है, तो आप दुःखी ही रहने वाले हैं, बेकरार ही रहने वाले हैं। जब छोटा बच्चा जो चलना सीख रहा होता है वह गिर जाता है तो आप उसे उठाते हैं और सबसे पहले कहते हैं देख बेटा वह पक्षी जा रहा है, देख वह चिड़िया। आप सिर्फ उसका फोकस चेंज करते हैं जो गिरने पर था, जब उसका वह फोकस चेंज होता है तब वह बच्चा रोना बंद कर देता है। आप भी अपनी जिंदगी में जो हुआ है उसे भूलकर अब जो करना है उस पर फोकस करें।

"ज्यादातर लोग उतनी ही खुशी के भाव में होते हैं जितनी का वह मन बनाते हैं"।- अब्राहम लिंकन

वर्तमान की सबसे बड़ी खूबसूरती यह है कि उसमें आप हैं आपका स्पर्श है अतीत भी एक दिन वर्तमान पल था। इसलिये आपके हाथ में वर्तमान पल है इसी में खुशी से रहें।

सुख शरीर के लिए होता है। परंतु खुशी अच्छा अहसास होती है। मन के लिए आप संसार के ऐशो आराम की वस्तुएं खरीद कर जीवन भर सुखी तो रह सकते हैं परंतु खुश नहीं रह सकते। अगर आप खुशी चाहते हैं तो आपको अच्छे अहसास में रहना सीखना होगा। सुख एवं दुःख बाहरी वस्तुओं पर निर्भर करता है पर आनंद एवं खुशी तो आन्तरिक अनुभूति है, सुख क्षणिक होता है या कुछ समय के लिए होता है। परंतु आनंद चिरकाल के लिए होता है। आनन्दित रहने के लिए

धन-दौलत या शौहरत की आवश्यकता नहीं होती आनन्दित रहने के लिए जरूरी है मन की संतुष्टि।

सुनहरे भविष्य के लिए वर्तमान सुनहरा बनाना होगा जो फसल आप वर्तमान में बोएंगे वही भविष्य में काटेंगे।

आपको तरक्की मिल भी गई तो आप अगली तरक्की के लिए दुःखी हो जाएंगे इसलिए मन से यह विचार निकाल दो कि जब तरक्की मिलेगी तो खुश रहूँगा। बल्कि सोचें कि खुश रहूँगा तो तरक्की मिलेगी।

आप अपनी खुशी के लिए खुद जिम्मेदार हैं। अगर खुशी खुद में नहीं तो पूरी दुनिया में कहीं नहीं मिलेगी। आपको खुद से प्रेम करना है। अगर आप खुद से प्रेम नहीं करेंगे तो आप अच्छा महसूस नहीं करेंगे, खुश नहीं रहेंगे जब आप अपने बारे में अच्छा महसूस करते हैं तो आपकी ऊर्जा बढ़ जाती है क्योंकि दुनिया में सिर्फ आप ही आपकी खुशी के प्रभारी हैं आपके माता-पिता, आपके बच्चे, आपका जीवन साथी आपकी खुशी का निर्माण नहीं कर सकते। वे तो आपकी खुशी में शामिल हो सकते हैं। खुशी को बढ़ा सकते हैं। लेकिन निर्माण नहीं कर सकते, आपकी खुशी आपके भीतर है। ये सही है जो वर्तमान में खुश नहीं रह सकता उसकी भविष्य में खुश होने की कोई गारण्टी नहीं है।

अतीत की हर उस चीज को मिटा दें, जो आपका भला नहीं करती या आपको दुःख पहुँचाती है। अपने भूतकाल की बजाय वर्तमान पर ध्यान देकर अच्छे भविष्य का निर्माण करें। यह देखें कि आप कहां जा रहे हैं, यह नहीं कि आप कहां थे। आपका मन एक स्लेट है, आप इसे साफ करके दोबारा शुरू कर सकते हैं। इसी पल अपनी खुशी को खोजें, मानसिकता ही खुश रहने की कुंजी है।

एक बार एक जोकर सर्कस में लोगों को चुटकुला सुना रहा था। चुटकुला सुनकर लोग बहुत जोर-जोर से हंसने लगे। कुछ देर बाद जोकर ने वही चुटकुला दोबारा सुनाया। इस बार लोग कम हंसे। थोड़ी देर बाद जोकर ने तीसरी बार वही चुटकुला सुनाना शुरू किया। वह चुटकुला सुना पाता इससे पहले ही एक दर्शक बोला अरे कितनी बार एक ही चुटकुला सुनाओगे। एक चुटुकुले पर बार-बार हंसी नहीं आती और कुछ सुनाओ तो जोकर बोला, धन्यवाद भाईसाब! यही तो मैं कहना चाहता हूँ जब खुशी के एक कारण की वजह से आप बार-बार खुश नहीं हो पाते तो एक दुःख के कारण की वजह से बार-बार क्यों दुःखी होते हो। हमारे जीवन में

ज्यादा दुःख और कम खुशी का यही कारण है कि हम खुशी को आसानी से छोड़ देते हैं एवं दुःख को पकड़ कर बैठ जाते हैं।

अतीत को न भूल पाना- हर इंसान का पिछला कुछ न कुछ अतीत ऐसा होता है वह उसको रस्सी की तरह बांधे रखता है। वह उसी पर गुणगान करता रहता है अच्छा है तो उसका घमंड करता रहता है और बुरा है, तो रोता रहता है दोनों ही किसी काम के नहीं हैं।

गाड़ी में जो साइड ग्लास होता है उसे कभी-कभी देखते हैं उसमें देखकर गाड़ी थोड़ी चलाते हैं आप, सामने वाले ग्लास में देखकर गाड़ी चलाते हैं। जब-जब जिंदगी में कुछ सीखना हो तो अतीत से सीखो। अतीत सीखने के काम में आता है और हम इसे रोने के काम में लेते हैं। अतीत में जो गलती हो गई उसके लिए जितना प्रायश्चित करना था आज के बाद खत्म और जितनों ने अतीत में आपके साथ बुरा किया उनको माफ कर देना उसके बाद जिंदगी अगली छलांग लगाएगी अगर अतीत से बंधे रहे कि यह हो गया था, उसने ऐसा कर दिया था यह रस्सियाँ तोड़ दो आगे की तरफ चलना शुरू करो जो पीछे से बंधे हुए हैं, उनको कामयाबी भी इतना लेट मिलती है अतीत को न भूल पाने की आदत को तोड़ना होगा। ऊपर उठने के लिए हल्का होना पड़ता है। आपको अतीत के बोझ को हटाना होगा राकेट ऊपर जाता है तब वह पीछे के हिस्से को छोड़ता जाता है, हल्का होता जाता है।

अतीत में मिले किसी कड़वे अनुभव को शेष जीवन के लिए गाइडलाइन मत बनाइए, पतझड़ के बाद हमेशा बसंत आता है।

कल की सोचने में इतना टाइम क्यों वेस्ट करते हैं। आज को जीना चाहिए। लाइफ और प्रॉब्लम दोनों को सेलिब्रेट कीजिए। प्रॉब्लम जिंदा होने का एहसास देती है मरने के बाद तो जलने का भी एहसास नहीं होता।

आपकी जिंदगी की अधिकांश समस्याएं सिर्फ पास्ट एवं फ्यूचर में जाने की वजह से हैं वास्तविकता में आप जितना परेशान नहीं होते उससे ज्यादा तो पास्ट एवं फ्यूचर की सोच-सोच के परेशान होते हैं। अधिकांश चीजें जिनके बारे में आप चिंता करते हैं वह होगी या नहीं होगी वह भी नहीं मालूम, लेकिन चिंता कर रहे हैं। याद रखें चिंता चिता के समान है। भगवान ने आपको सोचने व कल्पना करने

की शक्ति दी है उसको आप खराब चीजों के बारे में सोच कर एवं कल्पना करके बर्बाद मत करो।

हमारी भविष्य की चिंताएं हमसे हमारे भविष्य का वर्तमान भी छीन लेंगी।

एक बार एक व्यक्ति एक मिलेनियर के पास जाता है और पूछता है आपके हिसाब से वह कौन सी महत्त्वपूर्ण चीज है जो एक मिलेनियर को एक आम आदमी से अलग बनाती है। वह उदाहरण देता है अगर किसी औसत आदमी को एक बंजर जमीन के पास लेकर जाएं और पूछें आपको क्या दिख रहा है तो वह आदमी कहेगा यहां पर बंजर जमीन है पर वहीं किसी मिलेनियर को लेकर जाएं और पूछें कि क्या दिख रहा है तो वह बताएगा यहां पर आने वाले समय में वाटर पार्क, म्यूजियम या एक मॉल दिख रहा है। सोचने वाली बात यह है कि वह औसत आदमी सिर्फ प्रजेंट स्थिति के हिसाब से चीजों को देखते हैं पर जो मिलेनियर होते हैं अर्थात जो लोग बड़ा करते हैं वह भविष्य देख पाते हैं और उस भविष्य की सोच रखते हैं उसके हिसाब से प्रजेंट पर काम करके भविष्य बनाते हैं। अगर आदमी को लाइफ में आगे बढ़ना है तो ऐसे लोगों के साथ ज्यादा रहना चाहिए जो विजनरी होते हैं अर्थात जो भविष्य दृष्टि रखते हैं।

अपने भविष्य को ध्यान में रखते हुए अपने वर्तमान की योजना बनाएं।- सुंदर पिचाई

❖❖

13.
हमारी सोच एवं हमारे रिश्ते

"प्रेम दुनिया की सबसे शक्तिशाली और सबसे अनजानी शक्ति है"।- पेयर टीलहार्ड

मनुष्य एक सामाजिक प्राणी है। रिश्ते सामाजिक संबंधों का आधार हैं। रिश्तों का हमारे जीवन में काफी महत्त्व होता है। रिश्ते हमें आगे बढ़ने और सफल होने के लिए प्रेरित करते हैं। रिश्ते एक धागे की तरह होते हैं वह बहुत नाजुक होते हैं, रिश्ते विश्वास पर टिके होते हैं। यदि आपके पास बहुत पैसा है किंतु आपके पारिवारिक एवं सामाजिक रिश्ते ठीक नहीं हैं तो आप उन पैसों का आनंद नहीं ले पाते हैं।

जब सोच में मोच आती है तब रिश्ते में खरोच आती है।

गुलाब के फूलों को देखकर यह समझ आता है कि इनकी खूबसूरती और खुशबू के साथ-साथ इनमें कांटे भी होते हैं। ऐसे ही अगर आप किसी से प्यार करोगे तो उसमें बहुत सारी खूबियां होंगी और कुछ कमियां भी हो सकती हैं। जैसे हम गुलाब की खुशबू और सुंदरता पर ध्यान देते हैं, ऐसे ही हमें अपने पार्टनर के गुणों पर ध्यान देना है ताकि कमियां गुणों के आगे कम हो जाएं और हमारा रिश्ता फूलों की तरह महकता रहे।

संबंध में जब जिद्द और अहम आ जाता है तब दोनों जीत जाते हैं और संबंध हार जाता है।

समय एवं वक्त पर रिश्तों की कद्र करें। अगर हम रिश्ते को समय नहीं देते है तो समय हमारे बीच से रिश्ते को निकाल देता है। इसलिए समय के साथ रिश्तों की कद्र करें। अक्सर जब अपने दूर हो जाते हैं तभी उनकी याद आती है। उनकी अहमियत पता चलती है। जब पास होते हैं तब हम भाव नहीं देते। अपने रिश्तों की कद्र करें बिना शर्त के प्रेम करें।

खो देने के बाद ही ख्याल आता है कितना कीमती था समय, व्यक्ति और संबध।

एक कॉमन बहाना हम सबके पास होता है मुझे समय ही नहीं मिलता अपने रिश्ते के लिए, काम में इतना व्यस्त रहता हूँ, व्यवसाय को समय देना पड़ता है। समय कैसे निकालूं तो जरा सोचिए उस वक्त के बारे में जब आप फालतू समय बरबाद करते हैं, उन लोगों से बात करते हैं जिनसे बात करके आपको कुछ नहीं मिलने वाला है, सोशल मीडिया पर उन चीजों को बार-बार स्क्रॉल करते हैं, जिनको देखकर सिर्फ आपका समय बर्बाद हो रहा है। उन सबको हटाइए समय का सही उपयोग कीजिए। सच्चे रिश्ते आपसे सिर्फ वक्त मांगते हैं। आपके पास 24 घंटे हैं उनमें से थोड़ा समय बचत खाते में डालिए और उसका उपयोग अपने परिवार के लिए फिक्स कीजिए।

दुनिया की सबसे बेहतरीन और खूबसूरत चीजें देखी या सुनी नहीं जा सकतीं, उन्हें बस महसूस किया जा सकता है।- हेलेन केलर

क्षमा मांगने और क्षमा करने से हमारे मस्तिष्क से व्यर्थ का भार उतर जाता है। हम स्वयं को बहुत हल्का महसूस करते हैं एवं अधिक खुश रह पाते हैं इसलिए मन में व्यर्थ का बोझ न रखें। हमारा मन अच्छी यादें रखने के लिए है। आजकल लोग अच्छी यादों को पैनड्राइव में कैद करते हैं और बुरी यादों को मन में, हमारा मन पवित्र होना चाहिए।

किसी रिश्तेदार के बारे में कुछ बोलें, परंतु सकारात्मक पहलू से। रिश्तों में कुछ वाद-विवाद होने पर आप आगे रहकर सॉरी पहले बोलें, सॉरी बोलने में गर्व महसूस करें क्योंकि आपमें इतना आत्मविश्वास है कि सॉरी बोलने के बाद भी आपके स्वाभिमान में कोई कमी नहीं होगी। सॉरी कहने के बाद भी आप अपनी गरिमा और सम्मान को बरकरार रख सकते हैं।

यदि किसी के साथ तनाव है तो आज ही माफी मांगिए या माफ कीजिए। माफी मांगना और माफ करना ये शक्तिशाली लोगों के काम हैं। लोड लेकर बैठ जाना हल्के लोगों का काम- उज्जवल पाटनी।

अगर कोई गलती हो जाए तो हमें आगे रहकर कहना चाहिए कि मैं जिम्मेदार हूँ, मुझे इस स्थिति को यहां तक होने ही नहीं देना था। मैंने जो भी किया उसके लिए क्षमा चाहता हूँ। साथ ही आपके दिमाग में कैद दूसरे व्यक्ति को माफ करके

आप खुद को आजाद कर सकते हैं। क्षमा एवं सहनशक्ति को कायरता न समझें यह वह शक्ति है जो हर किसी में नहीं होती है।

लड़कर आप कभी पर्याप्त नहीं पाते लेकिन झुककर आप आशा से ज्यादा पा जाते हैं।- कहावत

सगा गिनायत बनो तो ऐसा बनना कि दुनिया की कोई ताकत आपको अलग नहीं कर सके। किसी तीसरे की बात सुनकर रिश्ते में दरार मत आने देना। दो जनों के बीच इतना अच्छा प्रेम रिश्ता देखकर उसको रात को नींद नहीं आती। ऐसे लोगों का कभी विश्वास मत करना। अगर आपको आकर कहें कि आपका गिनायत आपके लिए ऐसा बोल रहा था तो उसको कहना मेरे घर की पंचायती मत कर। पर हम क्या करते हैं उसको अच्छा कहते हैं। जो हमारे घर में आग लगा रहा है उसे ठंडा पिलाते हैं। अरे उसे तो धक्का देकर बाहर निकालो। एक बात का ध्यान रखना जो आपके सामने आकर गिनायत की निंदा कर रहा है मतलब वह आगे जाकर आपकी निंदा करेगा, ऐसे लोगों से दूर रहना चाहिए।

कभी भी दूसरों की बातें सुनकर अपने रिश्ते को खत्म मत कीजिए, रिश्ते अपने होते हैं दूसरों के नहीं।

आप अपने परिवार के साथ पार्टी करो, खेलो, नाचो, गाओ, मोज करो। आपको जितना आनंद परिवार के साथ मिलेगा उतना दुनिया में कहीं नहीं मिलेगा। अपने पूरे परिवार के साथ पत्नी, बच्चे, माता-पिता भाई-बहन सभी महीने में एक बार साथ घूमने जाओ, भोजन करो बहुत अच्छा लगेगा। आजकल हम परिवार से अलग हो रहे हैं। जबकि हमारी ऊर्जा हमारा परिवार है, हम परिवार में एक-दूसरे से बात नहीं करते, एक-दूसरे की बुराई करते रहते हैं। हमें परिवार से बुराई को हटाना होगा जो जैसा है उसे स्वीकार करना होगा। हमें रिश्ते एवं परिवार में अच्छाई देखने की आदत डालनी होगी। रिश्ते के महत्त्व को समझना होगा। चार बर्तन साथ में रहते हैं तो खनकने की आवाज होगी ही। इसलिए छोटी-मोटी बातों को नजरअदांज कर रिश्ते में मधुरता लाएं।

परिवार में निम्न बातों का ध्यान रखें-

- किसी से आवश्यकता से ज्यादा उम्मीद नहीं रखें।
- विश्वास करें।

- ❖ बातचीत करें।
- ❖ प्रशंसा करें।
- ❖ अपमानित न करें।
- ❖ भावनाओं का ध्यान रखें।

रिश्ते खराब होने के कारण-

1. **अपेक्षा**- आजकल हम अपनों से अपेक्षा ज्यादा रखते हैं कि वह ऐसा करें वैसा करें, पर हम कुछ नहीं करना चाहते हैं। अगर उसने ऐसा नहीं किया तो हम दुःखी हो जाते हैं उसे बुरा कहेंगे। हमें किसी से अपेक्षा नहीं रखनी चाहिए अपेक्षा खुद से होनी चाहिए।
2. **कान का कच्चा होना**- किसी तीसरे व्यक्ति की बात पर विश्वास करके अपनों से उलझ जाना या अपनों से दूरी बना लेना। याद रखें विश्वास आपको अपने पर होना चाहिए किसी तीसरे पर नहीं। कुछ गलतफहमी हो जाए तो प्रत्यक्ष उस व्यक्ति से पूछें, गलत फहमियों को दूर करें। जिस दिन हमें जिससे शिकायत है उससे बात करना शुरू कर देंगे तो 90 प्रतिशत गलतफहमियां दूर हो जाएंगी रिश्ते में मिठास आ जाएंगी।

"हवा में सुनी हुई बातों पर कभी यकीन मत करना कान के कच्चे लोग अक्सर सच्चे रिश्ते खो देते हैं।"

3. **बुराई करना**- अधिकतर किसी की पीठ पीछे बुराई करते हैं फिर बात घूम फिर कर उसी के पास जाती है और रिश्ते में दूरियां, गलतफहमियां होने लगती हैं रिश्ता आजीवन रखने के लिए एक बात याद रखें अगर बुराई करनी है तो उस व्यक्ति से अकेले में बात करें और पीठ पीछे कुछ करना है तो उसकी प्रशंसा करें।
4. **तुलना करना**- हम रिश्तों में तुलना करते हैं कि देखो उसका जीवन साथी बहुत अच्छा है, पर एक बात याद रखो पराई थाली में घी ज्यादा दिखता है तुलना न करें सबके संस्कार अलग हैं। दुनिया में आपके फिंगरप्रिंट किसी से नहीं मिलते। किसी से क्या तुलना करनी। तुलना करने से रिश्ते कमजोर होते हैं। तुलना का मतलब है आप अपने साथी को नीचा दिखा रहे हैं।
5. **अहंकार नहीं करें**- आज के समय में लोग टूटना मंजूर कर लेते हैं पर झूकना नहीं। अहंकार में न रहें। अहंकार रिश्तों को खत्म कर देता है। एक-दूसरे की

छोटी बड़ी गलतियों को नजरअंदाज करें। छोटी-मोटी बातों पर अनबन न करें। एक नाराज है तो दूसरे को पहल करके मनाना चाहिए।

"अहंकार बहुत भूखा होता है और इसकी सबसे मनपसंद खुराक है, रिश्ते।"

रिश्ते में मधुरता के लिए

1. **सम्मान करें**- हमें हमारे रिश्तों का सम्मान करना चाहिए, कद्र करनी चाहिए क्योंकि रिश्ते वहीं ठहरते हैं जहां उनको सम्मान मिलता है। सम्मान हमारे व्यक्तित्व का एक ऐसा निवेश है जो हमें ब्याज सहित वापस मिलता है। हर व्यक्ति का अपना आत्मसम्मान होता है। किसी के आत्मसम्मान को ठेस नहीं पहुँचाएं। संबंधों की मधुरता के लिए संबोधन की मधुरता जरूरी है। रिश्तों की पहली शर्त इज्जत होती है, जो इज्जत नहीं कर सकते वो रिश्ते नहीं निभा सकते।
2. **वफादार रहें**- हमें रिश्तों में वफादार रहना चाहिए विशेषतः पति-पत्नी को एक-दूसरे के प्रति वफादार रहना चाहिए। यहां से वहां अच्छा लगता है फिर यहां से वहां चला जाता है। अब ये यहां हो गया यह वहां नहीं रहा फितरत है। यहां से वहां अच्छा लगता है। अब नये वहां की तलाश, यह सिलसिला चलता रहता है घूम-फिर के पता चलता है घर में ही शांति है। इसलिए रिश्तों में मर्यादा रखें एक बार मर्यादा तोड़ने पर इंसान जिदंगी भर भटकता रहता है।

पूरे संसार में मुंह मारकर आएगा अंत में शांति घर में ही मिलेगी फिर पूरे जीवन जमीर मरा हुआ रहेगा। आईने में कभी देख नहीं पायेगा। इससे अच्छा है अपनी पत्नी की वैल्यु कर लो, अपनी पत्नी को तवज्जो दो। किसी को 20 वर्ष हो गए पत्नी को आई लव यू बोले, किसी को 10 वर्ष तो किसी को 5 वर्ष आज गलती से बोल दिया तो बेहोश हो जाएगी। देर ही सही लेकिन अंधेर नहीं आज ही अपनी पत्नी को तवज्जो देना शुरू करो आई लव यू बोलना पहले दिन, दूसरे दिन, तीसरे दिन हंसेगी.... पांचवे दिन उसके आंसू आ जाएंगे। आप एक बार बोल कर देखना यह शब्द सुने कई वर्ष हो गए। ध्यान रखें अगर जानबूझकर रिश्ते की ताजगी नहीं बनाई तो अनजाने में रिश्ता खत्म हो जाएगा। यह सारी बातें पति के लिए लिखीं गई हैं लेकिन यह सभी पत्नी पर भी लागू होती हैं।

"हर किसी के बस में नहीं होता, किसी एक के लिए वफादार होना।"

3. **प्रशंसा करें**- प्रंशसा में शक्ति है यह प्रोत्साहित करती है यह संयोग को आकर्षित करती है। हमें हमारे रिश्तों की प्रशंसा करनी होगी क्योंकि बुराई करने

के लिए तो पूरी दुनिया ने ठेका ले रखा है हर इंसान प्रशंसा सुनना चाहता है जब कोई कुछ गलत कह देता है तो हम तुरंत डांट देते हैं। उधार नहीं रखते हैं पर हम किसी की प्रशंसा करने में कंजूसी करते हैं उधार रखते हैं। हमें रिश्तों को जीवंत रखने के लिए प्रशंसा करनी होगी। ईमानदारी से की गई प्रशंसा से आप वह कर सकते हैं जो आप शिकायत से नहीं कर सकते। प्रशंसा करना एक कला है जो संबंधों के लिए आवश्यक है।

किसी भी सम्बंध को सफल बनाने के लिए सामने वाले के गुणों पर ध्यान केंद्रित करें, अवगुणों पर नहीं क्योंकि आप जिस पर ध्यान केंद्रित करते हैं वही बढ़ता है। कोई इंसान पूर्ण नहीं होता है कुछ कमियां तो सब में होती हैं। हम खुद कौन से परिपूर्ण हैं। अगर हम अपना दिमाग अवगुणों से हटाकर गुणों पर केंद्रित कर लें तो अवगुण अस्तित्व में ही नहीं रहेगा। क्योंकि जिसका प्रतिरोध करते हैं वह जारी रहता है।

4. **कृतज्ञता**- आप अपने संबंधों के लिए आभारी रहें। आप अपने जीवन साथी से लड़ते हैं उसकी बुराइयां करते हैं पर एक बार सोचो आप जैसा जीवन साथी पाना कितनों का सपना है। उनको तो जीवन साथी ही नहीं मिला। आप अपने जीवन साथी की बुराइयां कर रहे हैं शुक्रगुजार रहें कि ईश्वर ने आपको जीवन साथी तो दिया है। दुनिया में लाखों लोगों के जीवन साथी नहीं हैं आप छोटी-छोटी बातों से लड़ रहे हो। आज से अपने जीवन साथी के प्रति आभारी रहें। आप जितनी ईमानदारी से कृतज्ञ होते हैं आपका जीवन उतना ही जल्दी बदलेगा। आपके संबंध वर्तमान में चाहे जैसी भी स्थिति में हों कृतज्ञता के जादू से सार्थक बना सकते हैं।

"जब मैंने अपनी नियामतें गिननी शुरू कीं तो मेरी पूरी जिंदगी बदल गई"।- विलि नेलसन

अगर आप अपने किसी संबंध के प्रति कृतज्ञ हैं भले ही वह आदर्श नहीं है आप उसे चमत्कारी अंदाज में बेहतर होते पाएंगे। आज से ही अपने जीवन साथी के प्रति कृतज्ञ होना शुरू करें। ईश्वर को धन्यवाद कहें कि मुझे जीवन साथी दिया। कृतज्ञता से संबंध आदर्श होते हैं। जब आप अपने जीवन साथी के लिए कृतज्ञता बढ़ाते हैं तो जादुई तरीके से आप उसमें खुशी और अच्छाइयां पाएंगे। जब आप किसी व्यक्ति के प्रति कृतज्ञ होते हैं तो आपके मन में उसकी किसी चीज में बदलाव करने की इच्छा नहीं होती।

"निजी रिश्ते वह उपजाऊ जमीन है जिस पर सारी तरक्की, सारी कामयाबी, सारी उपलब्धियों की फसल को हासिल किया जा सकता है"।- बेन स्टेन

5. **सामने वाले का सुने**- आजकल हम लोग किसी को समझने के लिए नहीं बल्कि जवाब देने के लिए सुनते हैं, जिस दिन हम समझने के लिए सुनने लग जाएंगे उस दिन से रिश्ते में कभी व्यर्थ की तकरार नहीं होगी, आप सामने वाले को सुनो हर इंसान चाहता है कि उसे कोई सुने। आप किसी को सुनेंगे तो उसका आप पर विश्वास बढ़ेगा, सुनने से उसके बारे में पता चलेगा। हमदर्दी एवं दिलचस्पी से अपने साथी की बात सुनें इससे उसका दुःख कम हो जाता है सुनना बोलने से ज्यादा महत्त्वपूर्ण है सुनते समय बिलकुल न बोलें। अपने साथी को पहले बोलने दें उसे ध्यान से सुनें फिर आप जो कहना चाहते हैं वह बताएं। जुबान और दिमाग तेज चलाने से रिश्ते की रफ्तार धीमी पड़ जाती है।
6. **कम्युनिकेशन बंद नहीं करें**- अगर किसी से विवाद हो गया है तो बातचीत बंद न करें क्योंकि बातचीत बंद करने से सुलह के सारे रास्ते भी बंद हो जाते हैं। आप बातचीत कर बड़ी से बड़ी समस्या का समाधान निकाल सकते हैं ध्यान रखें आग और बात बुझाने से बुझती है और फैलाने से फैलती है। पारिवारिक विवादों को लंबा न खींचे न ही प्रतिष्ठा का प्रश्न बनाएं। बातचीत करने से समस्याएं सुलझती हैं और खामोशी से समस्याएं बढ़ती हैं। रिश्ते, पारिवारिक उलझन, परिवार के मुदे लोगों को न बताएं।

एक बात याद रखें गलती किसी की भी हो पर रिश्ता तो हमारा है।

7. **फ्लेक्सीबल रहें**- मोड़ आए तो मुड़ना पड़ता है उसे रास्ता बदलना नहीं कहते मजबूरियों के आगे झुकना पड़ता है उसे कायरता नहीं कहते। समय स्थिति को देखकर अपने मत एवं कार्य में बदलाव लाएं। किसी जिद्द पर अड़े नहीं रहें। नदी के आने पर जो पौधा झुक जाता है वह टूटता नहीं है इसलिये स्थिति व परिस्थिति को देखकर झुक जाना चाहिए। सबसे अच्छा एवं सुखी सम्बन्ध वही होता है जिसमें लचीलापन होता है।

कई बार होता है कि किसी रिश्ते को निभाने के लिए एक इंसान बहुत प्रयास कर रहा होता है और उसके कारण बहुत समय तक तो रिश्ता अच्छा चलता है

कुछ समय बाद बहुत दिक्कतें होने लग जाती हैं इसलिए किसी रिश्ते को आप बहुत सुचारू चलाना चाहते हैं तो दोनों तरफ से प्रयास होना बहुत जरूरी है क्योंकि एक इंसान बहुत समय तक अपने प्रयास से उस रिश्ते को अच्छा नहीं बना सकता है। वैसे एक इंसान के अच्छे होने से रिश्ता नहीं चलता है।

एक बात बताओ आप कब तक उसे फोर ग्रांटेड लेते रहोगे कब तक उसके साथ गलत बिहेवियर करते रहोगे वह इंसान आपसे कितना भी प्यार करता हो, कितना भी अच्छा हो कभी न कभी तो वह थक जाएगा न और जिस दिन उसके बर्दाश्त की हद पार हो जाएगी उस दिन वह चुपचाप चला जाएगा और फिर आप हर इंसान में उसे ढूंढते रहना वह फिर नहीं मिलेगा। कदर कर लो ये होने से पहले।

बिगड़े रिश्ते को सही करने के लिए

- माफी मांगे।
- बात करें।
- गलती को स्वीकार करें।

नजर अंदाज करने से रिश्ते नहीं संभलते, साथ में बैठकर बात करने से सारी शिकायतें दूर हो जाती हैं। अच्छे शब्दों के प्रयोग से बुरे लोगों का भी दिल जीता जा सकता है। संबंध कभी भी जीतकर नहीं निभाये जा सकते। संबंधों की खुशहाली झुकने और सहने से बढ़ती है। नरम रवैया हमेशा मजबूत संबंध बनाता है।

"बिना वजह नजर अंदाज करने से मजबूत से मजबूत रिश्ते भी टूट जाते हैं।"

किसी को भी इग्नोर करने से पहले एक बात याद रखो कभी-कभी ज्यादा इग्नोर करने से हम उन लोगों को खो देते हैं जो हमारे बहुत ही स्पेशल होते हैं।

जीवन साथी- पति-पत्नी को अपने किसी भी विवाद में किसी को मध्यस्थता के लिए नहीं आने देना चाहिए। पति-पत्नी के बीच मनमुटाव को 24 घंटे से ज्यादा नहीं रखना चाहिए। एक-दूसरे की आवश्यकता और भावनाओं का ध्यान रखें। अगर आप अपने साथी पर विश्वास नहीं करते तो आप कभी खुश नहीं रहोगे भरोसा रिश्ते का आधार है। अपने जीवन साथी के खिलाफ कभी भी अपने परिवार का पक्ष न लें।

“शादी एक ऐसी इमारत है जिसकी नींव हर दिन मजबूत करनी पड़ती है।”

आपको अपने जीवन साथी के साथ अपने दोस्तों से भी बेहतर व्यवहार करना चाहिए क्योंकि आपका जीवन साथी आपका प्रेमी भी है, आपका अच्छा दोस्त भी और अच्छा हम सफर भी है। वैवाहिक जीवन के खराब पक्ष को अपने दोस्तों, रिश्तेदारों को न बताएं। अपनी लड़ाई अपने तक सीमित रखें, अपने साथी की आलोचना किसी दूसरे के सामने नहीं करें। अपने साथी को दिन में कम से कम एक बार आई लव यू जरूर बोलें एवं एक बार गले भी लगाएं। रिश्तों में प्लीज या थैंक यू कहना न भूलें।

किसी से यह उम्मीद मत करो कि वह आपके साथ अच्छा व्यवहार करे आपका व्यवहार उसके व्यवहार को बदल सकता है। लोगों में सच्ची दिलचस्पी रखिये उनका व्यवहार आपके प्रति बहुत अच्छा हो जाएगा।

“नफरत कभी नफरत से नहीं, प्यार से खत्म होती है और आपकी गलतफहमियां कभी बहस से नहीं, बल्कि समझदारी, थोड़ा झुकने और दूसरे का नजरिया समझने की सहानुभूति भरी इच्छा से खत्म होती है”।- बुद्ध

किसी संबंध में खुशी लाने के लिए अपने साथी को पूरी तरह स्वीकार करें जैसा भी है या जैसी भी है उसमें परिवर्तन लाने की कोशिश न करें। आप उसे प्यार, मान-सम्मान, स्नेह दें। एक दिन परिवर्तन आ जाएगा। हम हमेशा सामने वाले से अपेक्षा करते हैं कि पहले वह अपने को बदले पर जिस दिन हम खुद बदल जाएंगे तब सामने वाला अपने आप बदल जाएगा। समझदार व्यक्ति अपने अंदर की कमियों को दूर कर स्वयं को बदलता है। खुद बदलाव लाएं फिर सामने वाला तेजी से बदलेगा क्योंकि जब आप पहले जैसे नहीं हैं तो वह आपसे पहले की तरह व्यवहार कैसे कर सकता है। हमारे रिश्तों में आनंद के अभाव का कारण ही निर्भरता है। प्रसन्नता तभी संभव होगी जब हम सामने वाले व्यक्ति को उसी रूप में स्वीकार करें जैसा कि वह है।

जब आप ही वो नहीं रहेंगे जो आप हुआ करते थे तो लोग आपके साथ वह कैसे करेंगे जो किया करते थे।- लेखक

“समस्या सुलझाने में सबसे जरूरी चीज है कि आप शुरुआत करें”।- फ्रैंक टीजर

अगर आप किसी के घर में चप्पल पहन कर जाओगे तो वह आपके घर में जूते पहन कर आ सकता है।

कभी किसी को गलत न बोलें, बहस न करें अगर सहमत न हो तो चुप रहें। यदि आप अपने किसी वर्तमान रिश्ते से खुश रहना चाहते हैं तो उस व्यक्ति के साथ बिताए अच्छे पलों का चुनाव करें और शेष पलों को स्मृति से हटा दें। हमेशा खुश रहें। सुख का एक ही मार्ग है वह यह कि उन वस्तुओं के बारे में चिंता न की जाए जो हमारे बस में नहीं है- एपिक्टेटस। जब आप आदतन गुस्सैल हो सकते हैं तो आदतन हंसमुख क्यों नहीं हो सकते।

अगर हम रिश्तों में हमारी तरफ से सौ परसेंट एफर्ट डाल दें तो रिश्ता कभी खराब नहीं होगा हम खुद की तरफ से तो एफर्ट नहीं लगाते सामने वाले से उम्मीद करते हैं। उसने ऐसा नहीं किया या उसकी यह गलती है। अगर हम हमारी गलतियों को सुधार लें या अपनी गलतियां ईमानदारी से देख लें तो हमें सामने वाले से शिकायत नहीं रहेगी, हम खुद की गलतियां नहीं देखते हैं सामने वाले की गलतियां देखते हैं जिस दिन हमारी गलतियों को देखेंगे और उन्हें सुधारेंगे तो हमें सामने वाले की गलतियां नहीं दिखेंगी।

कुछ माता-पिता अपने अंहकार के लिए अपने पुत्र-पुत्री का रिश्ता तोड़ देते हैं। उनका अंहकार उनके पुत्र-पुत्री के रिश्ते से बढ़कर होता है कहते हैं शादी की जोड़ियां ईश्वर बनाता है तो हम तोड़ने वाले कौन होते हैं। पर कुछ माता-पिता अपने पुत्र के संतान नहीं होने पर रिश्ता तोड़ देते हैं, कभी-कभी तो सौ अच्छाइयों को भूलकर एक बुराई से रिश्ता तोड़ देते हैं बस अंहकार के लिए छोड़ दिया रिश्ता तोड़ने वाले को सामने वाले की गलती दिखती है पर खुद की गलती नहीं दिखती है, खुद उसका अनादर करते हैं और उनसे आदर की उम्मीद करते हैं। याद रहे अंहकार से ज्यादा रिश्ता महत्त्वपूर्ण होता है।

अगर माता-पिता रिश्ते में हस्तक्षेप करना बंद कर दें तो रिश्ते कम टूटेंगे क्योंकि बच्चो को मजबूर होकर माता-पिता के अंहकार को तृप्त करने के लिए अपने जीवन साथी को खोना पड़ता है क्योंकि अगर लड़का माता-पिता की बात नहीं मानता तो कहते हैं पत्नी का गुलाम है और अगर दामाद अपनी बेटी की बात माने तो कहते हैं दामाद अच्छा है। यह बहू एवं बेटी का फर्क भी रिश्तों को कमजोर करता है।

बहू को बेटी माना करो

"जमाना भले भेदभाव करे पर आप बहू को बेटी कहो जनाब।

कहने के साथ-साथ बेटी माना करो जरूर....

वह पराए घर से आई है, बड़ी उम्मीदें लायी है
वो अपने घर-परिवार को छोड़ कर, आपके घर आई है।"

"पता है कोई फर्क नहीं पड़ता कि गलती किसी की भी हो, जिसको रिश्ता बचाकर रखना होता है न उन्हें झुकना ही पड़ता है।"

25 पैसे की भिंडी और मनुष्य के संबंधों की कीमत

एक-एक भिंडी को प्यार से धोकर पोंछते हुए काटते हैं। अचानक एक भिंडी के ऊपरी हिस्से में छेद दिख गया सोचा भिंडी खराब है फेंक दे, लेकिन नहीं ऊपर से थोड़ा काटा और कटे हुए हिस्से को फेंक दिया फिर ध्यान से बची हुई भिंडी को देखा शायद कुछ और हिस्सा खराब था। थोड़ा और काटा और फेंक दिया फिर तसल्ली की, बाकी भिंडी ठीक है कि नहीं, तसल्ली होने पर काट के सब्जी बनाने के लिए रखी भिंडी में मिला दिया, वाह! क्या बात है। 25 पैसे की भिंडी को भी हम कितने ख्याल से, ध्यान से सुधारते हैं, प्यार से काटते हैं जितना हिस्सा खराब है उतना ही काट के अलग करते हैं, बाकी अच्छे हिस्से को स्वीकार कर लेते हैं ये काबिले तारीफ है लेकिन अफसोस इंसानों के लिए कठोर हो जाते हैं एक गलती दिखी नहीं कि उसके पूरे व्यक्तित्व को काट के फेंक देते हैं। उसके बरसों के अच्छे कार्यों को दरकिनार कर देते हैं। महज अपनी ईगो को संतुष्ट करने के लिए उससे हर नाता तोड़ देते हैं संबंधों की बलि चढ़ा देते हैं।

क्या आदमी की कीमत 25 पैसे की एक भिंडी से भी कम हो गई है? अवश्य विचार करें।

एक घर की लड़ाई चार घरों का मजा होती है, अपने पारिवारिक झगड़े किसी को नहीं बताने चाहिए। परिवार वाले मिल बैठकर उन्हें सुलझाएं जितना जल्दी हो उतना जल्दी सुलझा लें, जितनी देरी होगी उतना ही सुलझाना कठिन होगा। रिश्तों को मजबूत बनाने के लिए एक-दूसरे की कमियां नहीं गिनाएं, बल्कि उन्हें नजरअंदाज करके अच्छाइयां देखें।

एक अच्छी जिंदगी जीने के लिए यह स्वीकारना जरूरी है कि सब कुछ सबको नहीं मिलता।

एक व्यक्ति बेहद अमीर था, लेकिन उसका वैवाहिक जीवन तलाक के दरवाजे पर खड़ा था। वह एक काउन्सलर के पास गया, काउन्सलर ने उससे पूछा आप

अपने जीवन में पति-पत्नी का जो रिश्ता है उसमें दोनों की जिम्मेदारी कितनी मानते हो। उस आदमी ने कहा, 50-50 प्रतिशत। फिर काउन्सलर ने कहा यह बहुत बड़ी गलतफहमी है कि दोनों की जिम्मेदारी 50-50 प्रतिशत है। वो रिश्ते कभी नहीं टिक सकते जो अपनी जिम्मेदारी को बांटते हैं, तुम्हे जिंदगी में उसके हिस्से का जोड़ कभी नहीं करना चाहिए। तुम्हें सिर्फ यह देखना चाहिए था कि मेरी 100 प्रतिशत पति होने की जिम्मेदारी है, मैं मेरी जिम्मेदारी लेता हूँ, मेरी हर जिम्मेदारी 100 प्रतिशत है। फिर उसकी कितनी? यही तो दोष है सारे रिश्तो में कि क्या उसकी कोई जिम्मेदारी नहीं क्या! सबकी जिम्मेदारी बराबर है? अरे नहीं 100 प्रतिशत जिम्मेदारी मेरी है। जिस दिन हम यह समझ जाएंगे रिश्ते अच्छे होने लग जाएंगे। यही बात पत्नी पर भी लागू होता है।

कोई हमारे बारे में बुरा सोचे पर हम उसके बारे में अच्छा सोचकर, अच्छी वाइब्रेशन देकर उसे बदल सकते हैं।- बी.के.शिवानी

एक बार किसी संत से बहुत अच्छा प्रश्न किया गया, स्वामी जी हम जिन लोगों के संपर्क में रहते हैं फिर उनका कोई अवगुण नजर में आ जाता है तब फिर उनसे मिलते हैं तो उसी दृष्टि से देखते हैं तो उनके गुण कम नजर में आते हैं और अवगुण ही मन में रहते हैं। आप सभी से प्रेम से कैसे मिलते हैं तब संत ने बहुत अच्छी बात बताई जिस व्यक्ति से आपने संबंध जोड़ा है और आपने तय किया कि यह व्यक्ति मेरे जीवन में आजीवन रहे चाहे जीवन साथी हो, दोस्त हो, पड़ोसी हो, रिश्तेदार या कोई भी आपने एक बार मान लिया कि ये व्यक्ति मेरे जीवन में रहने चाहिए ये मैंने चुने हैं मेरे जीवन में फिर उस व्यक्ति में पॉजिटिव ही देखना नेगेटिव कभी मत देखना, चाहे उसमें 99 अवगुण हों पर एक गुण तो होगा दृष्टि उस पर रखना तो संबंध रहेंगे, विश्वास रहेगा। कितनी अच्छी बात है आप अपने जीवन में ऐसे 15-20 व्यक्ति जरूर रखें फिर आपको रिश्ते में आनंद आएगा।

रिश्ते में मजाक का बहाना बनाकर किसी का दिल नही दुःखाएं। मजाक उसे कहते हैं जब सुनने वाला और बोलने वाला दोनो हंसे, जिस मजाक में एक हंसे और दूसरे को तकलीफ हो उसे मजाक नहीं कहते हैं। अगर रिश्ते को लंबा खींचना चाहते हो न तो अजमाना बंद करो, समझना शुरू करो, क्योंकि अजमाओगे तो हर कोई गलत है और समझोगे तो हर कोई अपनी जगह सही है। किसी को प्रूव नहीं खुद को इम्प्रूव करो।

रिश्तों की पाठशाला में बने रहने के लिए गणित और राजनीति जैसे विषयों में फेल होना बेहतर है।

किसी का भरोसा तोड़ने के बाद फिर से बनाना मुश्किल है पर नामुमकिन नहीं ये तीन चीजें करें-

1. अपना ईगो साइड में रख कर बहाने बनाए बिना अपनी गलती माने।
2. अपने आप को बदल कर प्रूव करो कि आप इस गलती को नहीं दोहराओगे।
3. बार-बार माफी मांगे, बिना फ्रस्ट्रेड हुए उनको टाइम दो आपको माफ करने के लिए।

क्या सच में आप अपने जीवन साथी में बदलाव लाना चाहते हैं तो याद रखो जिस दिन आप मेरे जीवन साथी ने मेरे लिए क्या किया या मेरे जीवन साथी ने मुझे क्या दिया, यह प्रश्न छोड़कर मैंने मेरे जीवन साथी को क्या दिया या मैंने मेरे जीवन साथी के लिए क्या किया यह प्रश्न खुद से पूछोगे तो बदलाव उसी दिन से आना शुरू हो जाएगा।

स्त्री गालियां सह लेती हैं, मार भी सह लेती है पर मायके की निंदा उनसे कभी नहीं सही जाती।- प्रेमचंद

कुछ चीजों को ज्यादा देर स्टैंडबाई मोड़ पर छोड़ देने से वह ऑफ हो जाती हैं, रिश्ते उसमें सबसे पहले आते हैं।

माता-पिता के साथ बदतमीजी मत करना नहीं तो बाद में पछताओगे, तुम जवान हो रहे हो और वे बुजुर्ग हो रहे हैं। उनकी दुआओं में दम होता है। कैसे भी मां-बाप हों तुम्हें पैदा किया है न यही एहसान है। माता-पिता ने बचपन में हमें बड़ा किया, लालन-पालन किया वह एक प्रकार का कर्ज है, जब माता-पिता बूढ़े होते हैं तो हमें उनकी सेवा करके उस कर्ज को चुकाना चाहिए। माता-पिता को भी बहू-बेटे के बीच में हस्तक्षेप नहीं करना चाहिए। अगर वह भी बहू को बेटी मान लें तो रिश्ता बहुत अच्छा हो सकता है।

खुद को याद दिलाएं कि आप बहस में कभी कुछ हासिल नहीं कर सकते बल्कि आप हमेशा कुछ न कुछ खो देते हैं।

सफल रिश्तों के यही उसूल हैं वो सब भूलिए जो फिजूल है।

अपनी रुचि के अनुसार अपने ढंग से व्यक्ति चलता रहे तो कोई विवाद नहीं होता, विवाद तब होता है जब व्यक्ति अपनी रुचि के अनुसार दूसरों को चलाना चाहता है। हम इंसान भी बड़े विचित्र हैं हम उन्हीं की नजरों में अपने लिए सम्मान देखना चाहते हैं, उन्हीं के सामने खुद को साबित करना चाहते हैं जिनके लिए हमारे ही मन में कोई सम्मान नहीं है। याद रखें सम्मान पहले देना पड़ता है फिर लौटकर आता है। प्रेम किसी आजमाइश का मोहताज नहीं... जो जैसा है उसे वैसा ही कबूल कर लेना ही सच्चा प्यार है।

मैंने अक्सर पाया है किसी को किसी से रिश्ता खत्म करना हो तो सबसे पहले वह अपनी जुबान की मिठास खत्म कर देता है।

यह तीन चीजें अच्छे रिश्ते को खराब कर सकती हैं।

1. एक दूसरे के साथ बहस मत करो जितना हो सके बैठकर एक हैल्थी डिस्कशन करने की कोशिश करो ताकि चीजें सॉर्ट आउट हो सकें न कि बातों का बतंगड़ बने। कौन सही की जगह क्या सही पर बात करें रिश्ते बन सकते हैं।
2. कोई भी बात आपको बुरी लगती है या हर्ट करती है तो अपने पार्टनर से डिस्कस करो न कि अपने ही मन में उस बात को बड़ा बनाते रहो या दूसरे इंसानों से डिस्कशन करते रहो। जितना हो सके उस इंसान को बताओ कि यह बात आपको बुरी लगी है।
3. एक-दूसरे से सिर्फ बैठे-बैठे यह एक्सेप्ट मत करते रहो कि उसे पता चल जाएगा कि आपको उससे क्या चाहिए या उसे आपसे क्या चाहिए। एक-दूसरे से बात करो, बताओ कि आपको क्या अच्छा लगेगा, अगर वह करे, उसे क्या अच्छा लगेगा अगर आप उसके लिए कुछ करें। एक हैल्दी कम्युनिकेशन जरूरी है।

मन की सच्ची शांति बुरे से बुरे को स्वीकार करने से आती है।- चीनी दर्शन

माता-पिता अपने पुत्र-पुत्री का तो पक्ष लेते हैं पर बहू या दामाद का क्यों नहीं इसका मतलब आपने बहू को पुत्री नहीं माना एवं दामाद को पुत्र नहीं समझा। वह भी इंसान हैं गलती हो जाती है सच्चे माता-पिता वही होते हैं जो पुत्र एवं बहू में

भेद नहीं करते। दोनों उनके लिए समान होते हैं। पुत्र की गलती होने पर पक्ष लेते हैं अगर बहू से गलती हो जाए तो विपक्ष बन जाते हैं, जिस दिन बहू बेटी को समान समझा जाएगा रिश्तों में स्वर्ग उतर आएगा। अगर बेटे से गलती हो जाए तो माफ कर दिया जाता है पर दामाद से हो जाए तो रिश्ता तोड़ दिया जाता है, बेटी की गलती दब जाती है और बहू की छप जाती है क्यों...

दामाद अच्छा है क्योंकि बेटी को खुश रखता है, बेटा बुरा है क्योंकि बहू को खुश रखता है।

याद रखें तिरुपति या पालीताणा तीर्थ की वंदना के लिए सैकड़ों सीढ़ियां चढ़कर जाना आसान है पर जिससे आपकी बोलचाल बंद है उसके घर की दो सीढ़ियां चढ़कर गले लगाना कठिन है।

आपको वह परिवर्तन बनना चाहिए जो आप अपने रिश्तों में देखना चाहते हैं।- लेखक

एक सास ही बहू को नहीं चाहती है ऐसी सास भी होती है जो बहू को एक छोटी सी गलती पर छोड़ देती है जबकी सास की लड़की लड़ाई करती रहती है फिर भी वह उनको प्यारी है क्योंकि वह उनकी बेटी है और बहू किसी और की बेटी है, इसलिये उसे छोड़ दिया। एक स्त्री के मार्ग में अधिकतर एक स्त्री ही अवरोधक बनती है, यह एक दुःखद सत्य है। चाहे वह स्त्री सास हो, बहू हो या नंनद हो पर वह एक स्त्री ही होती है। बहू में हजारों गलतियां एवं कमियां निकाल देते हैं कि वह तो ऐसी है, वैसी है लेकिन पुत्र की गलतियां नहीं देखते। जैसे पुत्र सर्वगुण सम्पन्न हो क्या ऐसा संभव है एक की गलती से रिश्ता टूट जाए? पुत्र ने भी तो कोई गलती की होगी।

इंसान इतना स्वार्थी होता है प्रेम करता है तब कमियां नहीं देखता, घृणा करता है तब अच्छाई नहीं देखता। किसी एक इसांन की गलती से कभी रिश्ता नहीं टूटता जब हम खुद की गलतियों पर अच्छे वकील एवं दूसरों की गलतियों पर सीधे जज बन जाते हैं तब रिश्ते टूटते हैं।

कभी किसी से बड़ी नफरत हो तो उसका उपाय अपनी नफरत एवं अपने अहंकार को थोड़ी देर के लिए छोड़कर उस इंसान से थोड़ी देर बात कर लेना फिर नफरत नहीं कर पाओगे। इसलिए जिन्हें नफरत कायम रखनी होती है वह सर्वप्रथम बात करना बंद कर देते हैं, रिश्ता तोड़ देते हैं उससे दूरी बना लेते हैं फिर उसके बारे में मन में नफरत भरी कल्पनाएं करते रहते हैं। अगर एक बार उनके समाने

चले जाओगे तो नफरत खत्म हो जाएगी। नफरत मिटाने का सीधा उपाय बात कर लो। बात करने से ही बात बनती है बात न करने से बाते बन जाती हैं।

याद रखें नफरत ऐसी चीज है जो पालने वाले को ही नुकसान पहुँचाती है।

जो पौधे सम्भाल के रखे जाते हैं वह कभी पेड़ नहीं बन पाते, जिस पुत्र के सभी निर्णय माता-पिता लेते हैं, वह कभी महान नहीं बन पाता।

कुछ माता-पिता अपनी बेटी की शादी करने के बाद भी उसके ससुराल में हस्तक्षेप करते हैं। इससे उसका रिश्ता खराब होने लगता है फिर अपनी बेटी का तलाक करवा देते हैं एवं ससुराल पक्ष से बड़ी राशि ले लेते हैं अर्थात कन्यादान करके उसे वापस ले लेते हैं। फिर उसका पुनर्विवाह कर देते हैं। बदले में वहां से भी बड़ी राशि ले लेते हैं। ऐसे लोगों को अपनी सोच बदलनी चाहिए। बेटी का घर बसाना चाहिए न कि बेटी के बदले राशि लेकर खुद का घर भरें।

रिश्ते में कभी यह नहीं सोचें कि लोग क्या कहेंगे? अगर आपकी पत्नी से अनबन चल रही है और वह मायके चली गयी मामला कोर्ट में चला गया फिर उसे लायें तो लोग कहेंगे दूसरी नहीं मिल रही है, उसे ही लाना पड़ा, अगर नहीं लाये तो कहेंगे शादी करके छोड़ दिया, उसके साथ सात फेरे लिये थे धोखेबाज है। लोग तो कुछ न कुछ कहेंगे आपको उचित लगे वह करें। लोग क्या कहेंगे यह सोच कर रिश्ते खराब न करें।

किसी व्यक्ति को तीसरे की नजर से जज न करें, हो सकता है वह उसके लिए अच्छा न हो पर आपके लिए अच्छा हो।

एक बात चाहे आप कितने भी सुंदर बन जाओ, कितने भी हैंडसम बन जाओ पर यह गारंटी नहीं है कि वह आपके साथ रहेगा। चाहे आप कितने भी अच्छे बन जाओ यह पक्का नहीं है कि वह आपके साथ रहेगा। केवल वह इंसान आपके साथ रहेगा जो आपके साथ रहना चाहता है। वह रिश्ता निभाता है, जो रिश्ता निभाना चाहता है। आपकी हर कोशिश के बावजूद अगर कोई आपको छोड़कर जाता है तो इसमें कसूर आपका नहीं है यह उसकी चॉइस है।

90 प्रतिशत ब्रेकअप की वजह वह आखिरी लड़ाई नहीं होती वह तैयारी तो बहुत पहले से कर रहा होता है, बस आपको बताया वो आखिरी लड़ाई के बाद जाता है।

चन्द लाइनें रिश्ते के लिए

जीवन में प्रेम की उपस्थिति हो, तो घटनाओं की व्याख्या बदल जाती है।- महात्रया रा

यदि रिश्तों को शब्दों की वजह से छोड़ते रहोगे तो एक दिन रिश्ते ही नहीं बचेंगे।- उज्जवल पाटनी

प्रेम की शुद्धता प्रेम का सौंदर्य देने में है मांगने में नहीं।- ओशो

"खुद को किसी की अमानत समझ कर हर लम्हा वफादार रहना ही इश्क है।"

तुम जिसे प्रेम करते हो अगर उसको पूजने का भाव मन में न उठता हो तो समझ लेना तुम्हारा प्रेम, प्रेम नहीं सिर्फ आकर्षण है।- ओशो

सुन लेने से कितने सवाल सुलझ जाते हैं, सुना देने से हम फिर वहीं उलझ जाते हैं।

स्त्री को देने वाले उपहार में सबसे बेहतरीन चीज है, सम्मान।

❖❖

14.

जैसा अन्न वैसा मन

''अगर कोई सही ढंग से भोजन नहीं करता है,
तो निश्चित रूप से वह सही ढंग से सो नहीं सकता,
सही ढंग से प्रेम नहीं कर सकता और,
न ही सही ढंग से क सोच सकता है'' – वर्जिनिया वूल्फ

शास्त्रों में लिखा है- 'जैसा अन्न वैसा मन, हमारा भोजन हमारे चरित्र एवं मन दोनों को सामान्य रूप से प्रभावित करता है। यह बात भले ही छोटी लग सकती है लेकिन इसका सीधा संबंध हमारी मानसिकता से है। हमारा भोजन हमारे शरीर की सेहत के लिए ही जिम्मेदार नहीं होता' बल्कि उसका सीधा संबंध हमारे मन से भी उतना ही है। हमारा खाना जितना पौष्टिक, सात्विक एवं सेहतमंद होगा उतना ही हमारे मन के लिए अच्छा होगा।

हम अपनी गाड़ी की सर्विस करवाते हैं तो अच्छी कंपनी का ऑयल डलवाते हैं हम अपनी गाड़ी को लंबे समय तक अच्छे से चलाने के लिए सही ईंधन का उपयोग करते हैं। लेकिन क्या हम अपने खाने की गुणवत्ता का ध्यान रखते हैं। हमें हमारे शरीर रूपी गाड़ी को चलाने के लिए भी सही ईंधन का उपयोग करना चाहिए, इसी ईंधन से हमारे मन को ऊर्जा मिलती है।

याद रखें स्वाद एवं सेहत कभी साथ-साथ नहीं चल सकते।

जब आप हरी सब्जी के बजाय एक ऑयली बर्गर या तेल में तला हुआ समोसा खाते हैं तो आप कैसा महसूस करते हैं। अपने मन की स्थिति को बिगड़ते हुए महसूस करते हैं या सुधरते हुए महसूस करते हैं। हमारा भोजन निर्धारित करता है कि हमारा मस्तिष्क कितने अच्छे तरह से सोचने में सक्षम होगा।

हमें पता है कि प्रोसेस्ड फूड का सेवन करने से हृदय रोग, मोटापा, मधुमेह और अन्य बिमारियों का खतरा बढ़ जाता है। साथ ही प्रोसेस्ड फूड हमारे दिमाग

को भी क्षति पहुँचाते हैं, जितना हो सके इनसे दूर रहें। चीनी, नमक, मैदे की चीजों और मिठाइयों से दूर रहें।

जीने के लिए खाएं न कि खाने के लिए जिएं, आजकल जंक फूड हर किसी की लाइफ स्टाइल बन चुका है। हमारा अपनी जुबान पर कंट्रोल नहीं होता। हम खाते जाते हैं खाते जाते हैं, फिर बीमारियां घेरने लगती हैं, डॉक्टर हमसे कहता भी है कंट्रोल कीजिए। क्यों न हम पहले ही कंट्रोल कर दें। हेल्दी रहने के लिए अपना वजन कंट्रोल में रखें, जितना हो सके पैदल चलें।

खुशियां ही आपको रिलैक्सेशन देती हैं अगर आप अंदर से खुश हैं तो ही आप लंबा जी पाएंगे लंबा जीने के लिए अपने अंदर के बच्चे अर्थात बचपने को जिंदा रखें।

आहार शुद्ध होने से अन्तकरण की शुद्धि होती है अन्तकरण शुद्ध होने से भावना शुद्ध होती है।

अन्न और मन का आपस में घनिष्ठ संबंध है। तभी तो कहा जाता है जैसा खाएं अन्न वैसा बने मन। अन्न के प्रभाव से ही मन की सोचने की शक्ति विकसित होती है

वर्तमान समय में कीटनाशकों के बहुतायत प्रयोग से खाद्य पदार्थ विशुद्ध नहीं बचे हैं, वही यदि उनको पकाने एवं ग्रहण करने में भी शुद्धता का ध्यान नहीं रखा जाता तो यह हमारे शारीरिक एवं मानसिक स्वास्थ्य के लिए हानिकारक है।

एक पशु स्लोटर हाउस में कभी सोचा उसके मन की स्थिति कैसी होगी। कितना डर, नफरत, कितना दुःख एवं कितना गुस्सा उसके बाद हिंसा उसके बाद मुत्यु और वह हमारी थाली के सामने आता है तो हम कहते हैं हेल्थी है, नहीं सिर्फ प्रोटीन है लेकिन हेल्थी नहीं, ये तामसिक भोजन है। इसमें किसी की मुत्यु है। इसमें किसी का डर, चिंता, तनाव है। हमें मानसिक शांति चाहिए। हम डर, चिंता, तनाव वाला भोजन कैसे खा सकते हैं- बी.के. शिवानी।

जीवित भोजन ऐसा भोजन जिसमें जीवन हो अर्थात उसको जमीन में लगाओ तो उससे अंकुर आ जाता है। जैसे गेहूँ, बाजरा, चना आदि। फल-सब्जियां, अनाज, स्प्राउट्स, सूखे मेवे यह सब जीवित भोजन हैं यह हमारे शरीर का जीवन बढ़ाते हैं यह प्रकृति से सीधे आते हैं।

निर्जीव फूड अर्थात प्रोसेस फूड क्या किसी बिस्किट या नुडल्स को आप उगाते हैं, तो उससे अंकुर निकलता है? नहीं! उसमें जीवन नहीं है, प्राण नहीं है, वह श्वास नहीं लेता यह निर्जीव भोजन है। यह खाना तो है ही नहीं। यह तो प्रोडक्ट है जो किसी कंपनी ने बनाया है ये फेक्ट्री में बनाये जाते हैं।

- बिस्किट की जगह नारियल की गिरी खाएं।
- सोडा व कोल्ड ड्रिंक की जगह नारियल पानी पिएं।
- नमकीन की जगह सलाद खाएं।
- नमक की जगह सेंधा नमक खाएं।
- चीनी की जगह गुड़ खाएं।
- रिफाइन्ड तेल की जगह कच्ची घानी का तेल उपयोग करें।

शाकाहारी जिसमें रस अर्थात पानी भरपूर हो जैसे फल, और सब्जियां।

खाना खाने से पहले प्रार्थना करें, ब्लेसिंग दें फिर खाना खाएं। खाने से पहले सलाद खाएं।

कभी भी अपने खाने की बुराई न करें कि आजकल खाने में केमिकल आ रहे हैं और स्वास्थ के लिए खराब हैं जो खाना आप खा रहे हो क्योंकि आप उसको नकारात्मक ऊर्जा दे रहे हो फिर आप खा रहे हो इससे आपके शरीर पर नकारात्मक प्रभाव पड़ेगा इसलिए जो आप खाना खाते हो उसकी बुराई नहीं करें।

जीवन रक्षा के लिए जो अन्न भगवान का प्रसाद मानकर ग्रहण किया जायेगा वह शरीर और मन में सतोगुणी स्थिति पैदा करेगा।

किसी रोगी के घर उसकी खबर लेने जाएं तो कदापि उस घर का अन्न और जल ग्रहण न करें क्योंकि अस्वस्थ व्यक्ति के घर के वातावरण में भी रोग हो सकता है। जो निरोगी व्यक्ति को भी रोगी बना सकता है। जब कोई व्यक्ति खाना बनाता है तो उस खाने में उस व्यक्ति के गुण भी आ जाते हैं। अतः जो व्यक्ति स्वभाव से गुस्सैल हो उसके हाथ का बना भोजन करने से आप भी गुस्सैल हो सकते हो।

युद्ध में घायल अवस्था में भीष्म पितामाह श्रीकृष्ण से कहते हैं यह युद्ध रुकवा दो। अनर्थ हो रहा है। उस समय द्रौपदी भी वहाँ होती है वह कहती है आप इतने ज्ञानी हैं तो जिस वक्त मेरा चीरहरण हो रहा था तब आपकी बुद्धि कहा गयी थी, भीष्म पितामाह ने कहा, मैंने दुर्योधन का अन्न खाया है वह अन्याय एवं अनीति का था इसलिए मेरी मति मारी गयी थी। अपने अन्न का ध्यान रखें कि वह न्याय एवं नीति की कमाई का हो।

अनिती की कमाई से जो आहार बनेगा वह भी अवश्य ही उसके उपभोक्ता को अपनी बुरी प्रकृति से प्रभावित करेगा।

❖❖

15.

प्रार्थना का हमारी सोच पर प्रभाव

"आप प्रार्थना में जो भी मांगोगे, यकीन करने पर उसे पा भी लोगे"।- मेथ्यू

जहां आस्था होती है वहीं चमत्कार होते हैं अर्थात जहां पर लोजिक स्टॉप होते हैं वहां से मेजिक शुरू हो जाता है।

आस्था से पहला कदम उठाएं आपको पूरी सीढ़ियां देखने की जरूरत नहीं है बस पहला कदम उठा लें।- मार्टिन लूथर किंग

"प्रार्थना से ताकतवर दवा कोई दूसरी हो ही नहीं सकती" प्रार्थना के माध्यम से हम भय से उभर सकते हैं और प्रार्थना ही किसी भी परिस्थिति में आपको आत्म बल प्रदान करेगी।

प्रार्थना एक धार्मिक क्रिया है जो ब्रह्माण्ड की महान शक्ति से संबंध जोड़ने की कोशिश करती है। प्रार्थना व्यक्तिगत और सामूहिक हो सकती है। सच्चे मन से की गई प्रार्थना चमत्कारिक होती है। प्रार्थना करने से हमारा विश्वास बढ़ता है।

ईश्वर को स्मरण करने का सबसे सरल एवं सर्वमान तरीका प्रार्थना को माना जाता है। जब हम मुसीबत में होते हैं तो प्रभु का स्मरण करते हैं हमारा विश्वास बढ़ता है, कर्म शक्ति बढ़ती है सुबह की प्रार्थना हमारे पूरे दिन को सकारात्मक बनाती है।

प्रार्थना का अर्थ है अपने तन-मन और अंतरात्मा को एकाग्र करके शुद्ध मन वाणी से परमपिता परमेश्वर को अपने अस्तित्व के लिए धन्यवाद देना। प्रार्थना का अर्थ कुछ मांगना या शिकायत करना नहीं, बल्कि जो है उसके लिए ईश्वर का आभार प्रकट करना है।

ईश्वर ने मनुष्य को बिना किसी स्वार्थ के उसके जीवन की आवश्यकताओं के अनुसार सभी चीजों से परिपूर्ण किया है। इसलिए मनुष्य का कर्तव्य है वह ईश्वर को उसकी उदारता के लिए याद करे। परन्तु मनुष्य इतना अहसान फरामोश है कि वह ईश्वर को तभी याद करता है जब उसे कुछ मांगना होता है या शिकायत करनी होती है।

प्रार्थना का हमारे जीवन में बहुत महत्त्व है इसलिए विज्ञान पर आधरित डॉक्टर भी जब किसी रोगी का इलाज करने में असमर्थ हो जाते हैं तो रोगी के परिजनों से कहते हैं ईश्वर से प्रार्थना कीजिए। आपने कई बार सुना होगा कि जहां दवा काम नहीं आती वहा दुआ काम आती है। प्रार्थना करने से मानसिक शांति तो मिलती ही है साथ ही हमारे तन मन में आध्यात्मिक ऊर्जा और ईश्वरीय शक्ति का संचार होता है।

प्रार्थना करने से हमारे विचारों में सकारात्मकता आती है और हमारे अंदर आत्मविश्वास बढ़ता है व डिप्रेशन कम होता है। प्रार्थना करने से ईश्वर का मन बदले या न बदले पर हमारा मन जरूर बदल जाता है।

प्रार्थना करें और उन कार्यों को ईश्वर को सुपुर्द करें जो उसके हैं। ईश्वर का काम ईश्वर को करने दें और आप केवल अपने काम पर ध्यान दें आस्था ही हमें स्वस्थ करती है, यह आस्था ईश्वर पर हो सकती है या स्वयं पर हो सकती है, अगर बीमार हैं तो चिकित्सक पर हो सकती है। आपका विश्वास कमजोर है तो आपकी प्रार्थना या दुआ फलदायक नहीं होगी।

हमारी आस्था की परीक्षा तब होती है जब हम जो चाहें वो न मिले और फिर भी हमारे दिल से प्रभु के लिए शुक्रिया ही निकले।

ध्यान (मेडिटेशन)- का अर्थ होता है एकाग्र भाव से ध्यान लगाना जिसका उद्देश्य मनुष्य को आत्मिक शांति प्रदान करना है। ध्यान के लिए एक शांत स्थान की जरूरत होती हैं सही स्थान के साथ-साथ सही समय का चुनाव भी जरूरी है। अधिकतर लोग सुबह-सुबह मेडिटेशन करते हैं। आप किसी भी समय मेडिटेशन कर सकते हैं। सही अवस्था में बैठें। कमर सीधी करके बैठना मेडिटेशन के लिए सही अवस्था होती है अपना सिर सीधा रखें। आंखें बंद करें, धीरे-धीरे सांस लें और छोड़ें अपनी सांस पर फोकस करें उसे महसूस करें। उस समय कुछ भी न सोचें। जो भी विचार आपके मन में उठते हैं उन्हें त्याग दें और अपना ध्यान लगाएं, शांत रहें, रोजाना ऐसा करने से आपका मन एकाग्रचित हो जाएगा।

जिंदगी में कभी-कभी शांत और चुप रहकर आप बड़ी से बड़ी मुश्किल से बच सकते हैं इसलिए हर बात पर प्रतिक्रिया देने की जल्दबाजी न करें।

मेडिटेशन के लाभ

- यह आपके फोकस को बढ़ाता है।
- मेडिटेशन आपको अवेयर बनाता है, दिमाग को स्टेबल करता है।

- उत्पादकता बढ़ाता है।
- यह हैप्पी हार्मोन सेरोटोनिन बढ़ाता है इससे स्ट्रेस हार्मोन कोर्टिसोल को कम करता है।
- इससे दिमाग शांत रहता है।
- याददाश्त बढ़ती है।
- एकाग्रता में वृद्धि होती है।
- सोचने की क्षमता बढ़ती है।

जब हमारी थिंकिंग स्ट्रांग होगी तो हमारे एक्शन बैटर होंगे।

मेडिटेशन दिमाग के रेस्ट के लिए बहुत जरूरी है। अच्छी चीजें बोरिंग होती हैं, लेकिन इसे रोज करने की आदत बनानी होगी। क्योंकि अवधि की तुलना में आवृति अधिक महत्त्वपूर्ण है। मेडिटेशन माइंड को कंप्लीट रेस्ट देता है इससे दिमाग प्रोडक्टिव कार्य कर पाता है।

अगर आप तनाव में हैं या अप्रसन्न व दुःखी हैं तो आप मेडिटेशन का सहारा ले सकते हैं क्योंकि यह मेडिटेशन दिमाग को शांत करने में काफी मददगार होता है। अगर आपका दिमाग शांत एवं प्रसन्न रहेगा तो आपकी परेशानियां अपने आप कम होने लगेंगी यही कारण है कि आज पूरी दुनिया योग के द्वारा शरीर को निरोग एवं मेडिटेशन के द्वारा अपने दिमाग को शांत करने की कोशिश कर रही है। हर साल 15 मई को विश्व मेडिटेशन दिवस के रूप में मनाया जाता है।

आज इंसान में अनुशासन की इतनी कमी हो गई कि वह 5 मिनट भी साइलेंट बैठ नहीं सकता। 10 मिनट ध्यान करना बहुत भारी लगता है। वह थोड़ी-थोड़ी देर में मोबाइल देखता है। यह अनुशासन नहीं है। खुद पर इतना अनुशासन होना चाहिए कि आप मोबाइल को नियंत्रित करें, मोबाइल आपको नहीं। इसलिए खुद को अनुशासित करने के लिए मेडिटेशन जरूर करें।

कुछ लोग मेडिटेशन को योग की तरह समझते हैं। लेकिन दोनों में काफी अंतर है। योग शरीर की कसरत है और मेडिटेशन दिमाग की कसरत।

❖❖

16.

स्वास्थ्य के प्रति हमारी सोच

आपका स्वास्थ्य एक निवेश है कोई खर्च नहीं अगर आप इसमें निवेश के लिए समय नहीं निकालते हैं। तो यह खर्च बन जाएगा।

विदेशों में लोगों की तीन प्राथमिकताएं स्वास्थ, केरियर, परिवार होती हैं इनमें से मुख्य प्राथमिकता स्वास्थ होती है। लेकिन हमारे देश में मुख्य तीन प्राथमिकताओं में हेल्थ नहीं होती है।

यहां पर लोगों की निम्न प्राथमिकताएं होती हैं।

- बेटे की पढ़ाई की चिंता।
- बेटे की नौकरी की चिंता।
- बेटी की शादी की चिंता।
- बेटे के घर बसाने की चिंता।
- बेटे के बच्चे होने की चिंता।

मतलब हेल्थ के बारे में तो सोचते ही नहीं हैं हमेशा दूसरों के बारे में सोचते हैं। थोड़ा खुद के बारे में भी सोचना चाहिए अपनी हेल्थ का ध्यान रखना चाहिए। चाहे खुद की हेल्थ खराब हो रही हो, उनको बेटे की शादी की चिंता टेंशन रहती है।

"चलते रहने से शरीर और चलाते रहने से संबंध स्वस्थ रहते हैं दोनों को स्वस्थ रखिए।"

अपने शरीर का ख्याल रखें, क्योंकि इससे अच्छा हमसफर कोई नहीं। यह साथ है तो हर समस्या से निपटा जा सकता है। स्वास्थ्य आपके और आपके शरीर के बीच का रिश्ता है, इसलिए स्वास्थ्य का ध्यान रखें हमेशा व्यायाम करें।

हमारी बॉडी व्यायाम एवं काम करने के लिए बनी है। पर इस बदलाव के दौर में हम पूरा दिन कंप्यूटर के सामने बैठकर कार्य करते हैं। अब तो ऐसा भी कहा जाता है सीटींग इस द नेक्स्ट स्मोकिंग क्योंकि स्मोकिंग की वजह से शरीर पर बुरा प्रभाव होता है वैसे ही बैठे रहने की वजह से बुरे प्रभाव होते हैं। वक्त निकालिये

व्यायाम के लिए, घूमने के लिए, खेल के लिए, योग एवं प्राणायाम के लिए। हमारे शरीर में अधिकतर समस्याएं ब्लड फ्लो की वजह से होती हैं आप ऑफिस में भी 90 मिनट में 1 बार खड़े होकर स्ट्रेचिंग करें या 2 मिनट चलें। हमारे लिए कोई और व्यायाम नहीं कर सकता यह तो हमें ही करना पड़ेगा।

अक्षय कुमार कहते हैं जो इंसान अपने शरीर के लिए एक घंटा नहीं दे सकता उसे मर जाना चाहिए बहुत सटीक बात बोली पर बहुत उपयोगी बात है।

अगर आप चिंता एवं तनाव में रहते हैं तो यह काम करें-

1. मेडिटेशन।

2. पुस्तकें पढ़ें।

3. व्यायाम करें।

4. घूमने जाएं।

5. परिवार के साथ समय बिताएं।

व्यायाम करने से आपका शरीर फिट रहेगा। हमेशा फिजिकल एक्सरसाइज करें आप का लक्ष्य स्वस्थ एवं फिट रहना होना चाहिए, फिट आप व्यायाम करके होंगे, स्वस्थ आप अच्छा खाना खाकर होंगे। अच्छा खाओगे तो बीमार कम पड़ोगे एवं हमेशा ऊर्जावान रहोगे। हर कुछ खाओगे तो बीमार हो जाओगे उदाहरण आपकी अपनी बॉडी को एक कार की तरह समझ लो और आप इसमें जितना अच्छा ईंधन डालोगे और इसकी जितनी अच्छी मेन्टीनेंस करोगे उतनी ही तेज और दूर तक चलेगी इसलिए हमेशा खुद का ध्यान रखें।

आप अपने काम एवं तरक्की पर फोकस करो फालतू की बातचीत का पार्ट मत बनो जब तक आप अपना काम पूरा नहीं कर लेते तब तक किसी डिस्ट्रेक्शन से डिस्टिक न हों। जब आप अपना काम कर रहे हो उस वक्त अपने किसी दोस्त से बात नहीं करें। मोबाइल को स्वीच ऑफ रखें। अगर फुरसत में हो तो फालतू गपशप करने की बजाए कोई भी व्यायाम करें। जिससे स्वास्थ बेहतर होगा एवं अपनी हैल्थ को नेक्स्ट लेवल पर ले जाएं।

रोजाना कसरत कीजिए क्योंकि लोग साथ दे न दें लेकिन आपका शरीर मरते दम तक आपका साथ देगा।

टीम फेरिस ने कहा अगर आप सुबह जीत जाते हैं तो आप दिन जीत जाते हैं।

❖❖

17.

जीवन को इतना सीरियस मत लो

जिंदगी में कोई भी सिचुएशन हो हमेशा शांत रहो खुद को बहुत मजबूत पाओगे, लोहा होता है न जब वह ठंडा होता है तो बहुत मजबूत होता है जब वह गर्म होता है तो उसे कोई भी आकार दे दिया जाता है इसलिए हमेशा मजबूत रहने के लिए हमेशा शांत रहना जरूरी है।

एक बार सुबह-सुबह पापा तैयार होकर ऑफिस जाने की तैयारी में थे, कॉफी पी रहे थे उनका छोटा बेटा आया और पापा-पापा कहता हुआ उनको किस किया और कॉफी उनकी शर्ट पर गिर गई। पापा सिरियस हो गए। बच्चे को दो थप्पड़ लगाए। पत्नी पर चिल्लाये। फिर शर्ट बदल कर ऑफिस गये। रास्ते में ट्रैफिक जाम में फंस गए। लोगों पर चिल्लाने लगे। ऑफिस लेट पहुँचे। बोस ने डांट लगाई। पूरा दिन खराब निकला, इसके विपरीत वह शर्ट को बदलकर बेटे को गले लगाकर कहते बेटा कॉफी पीते समय ऐसा नहीं करते और ऑफिस चले जाते दिन अच्छे से गुजरता। हमेशा स्थिति हमारे हाथ में होती है हम उस पर कैसी प्रतिक्रिया करते हैं। याद रखें रियेक्ट नहीं रेस्पोण्ड करें।

"महत्त्वपूर्ण यह नहीं है कि आपके साथ क्या होता है बल्कि यह है कि आपकी उस पर प्रतिक्रिया क्या है।"

गुस्से का परिणाम दूसरों के लिए बुरा हो या न हो लेकिन गुस्सा करने वाले के लिए बुरा ही होता है। क्रोध को सबसे बड़ा शत्रु बताया गया है, जिसकी वजह से कई बार रिश्ते भी टूट जाते हैं। गुस्सा ताकत नहीं कमजोरी है। गुस्सा क्षण भर का पागलपन है। यह मुर्खता से प्रारम्भ होकर पश्चाताप पर खत्म होता है।

गुस्सा करने के नुकसान

- कमजोर इम्यून सिस्टम।
- हार्टअटैक का खतरा।
- त्वचा संबंधित समस्याएं।

- अनिद्रा।
- उच्च रक्तचाप।
- कब्ज की शिकायत।
- चिंता अवसाद।
- सिरदर्द।
- नकारात्मक भावना।

गुस्सा कंट्रोल- किसी इंसान से बात करते वक्त सिचुएशन खराब हो रही हो गुस्से में हो तब आप उनकी बातों का तुरंत कोई जवाब अर्थात प्रतिक्रिया न दें। गुस्से में ऐसा कुछ नहीं बोलें जिससे आपको बाद में पछतावा हो। अगर लिमिट क्रॉस हो कर रही हो तो शांत रहें, ठंडा पानी पीजिए उस स्थान से दूर चले जाएं।

जो बात हम गुस्से और तैश में आकर कहते हैं, वही प्रेम और शांति से प्रकट कर दें तो जिंदगी में बहार आ जाएगी।- श्री चंद्रप्रभ

आपकी मुश्किलें इतनी भी नहीं कि आपकी मुस्कुराहट इसमें खो जाए। इसलिए जीवन को ज्यादा गंभीरता से नहीं लें। जीवन को इंसान की तरह जियो मशीन की तरह नहीं।

घृणा एक तेजाब की तरह है जो धीरे-धीरे हमारे जीवन की सारी अच्छाइयों को जला देती है।- मार्टिन लूथर किंग

"ऊचाइयों की क्या औकात तुम्हें गिराने की, बस शिद्दत होनी चाहिए आसमान छूने की"।- लेखक

एक बार एक संत गांव आए। उनकी बहुत प्रसिद्धि थी। उनसे अपनी समस्या का समाधान लेने के लिए आस-पास भीड़ लग गई तो संत ने कहा, आप सब अपनी अपनी समस्या एक पर्ची पर लिखकर इस बॉक्स में डाल दें, फिर संत ने सभी पर्चियों को मिक्स करके सभी को कहा एक-एक पर्ची ले लो। सभी ने पर्ची खोली तो स्तब्ध रह गए कि यह समस्या तो उनकी समस्या से ज्यादा बड़ी है। इससे तो अच्छा है अपनी खुद की समस्या ही ठीक है। हम किसी दूसरे से तुलना करते हैं कि वह खुश हैं। हम नहीं जानते उसकी परिस्थिति तो वो ही जानता है।

चिंता चिता के समान है, यह हमारी उम्र कम करती है। बुढ़ापा जल्दी आता है। चिंता दूर करने के लिए लोगों के साथ घुल मिलकर रहें, बातें करें। चिंता ने आज तक कभी किसी कमी को पूरा नहीं किया- स्वेट मॉर्डन।

याद रखें जिंदगी नहीं मिलेगी दोबारा। अगर अच्छे से जीवन जीना चाहते हो तो परचिंता, परनिंदा एवं परचर्चा नहीं करनी चाहिए।

अगर आप किसी भी व्यक्ति से अपनी किसी सही बात को मनवाना चाहते हैं तो सबसे पहले सामने वाले की सारी बातें ध्यान से सुनें सामने वाले को पहले यह मत बताओ कि मैं यह चाहता हूँ और आप मुझे समझें सामने वाले को आपसे कोई मतलब नहीं है। वह आपको तभी समझेगा जब पहले आप उसे समझोगे।

मान लो किसी ने हमें कुछ कह दिया। वह कह कर चला गया। घर जाकर मजे से चाय पी रहा है और हमने उस बात को मन में कैद कर लिया कि उसने मुझे ऐसा कहा उसे जवाब देना है, दिन-रात वर्षों तक उस बात को बोझ की तरह ढो रहे हैं और दुःखी हो रहे हैं अब आप मुझे बताएं कि वह इंसान आपको रोज दुःख दे रहा है या आपके विचार, आपकी सोच आपको दुःखी कर रही है इसलिए खुश रहने का आसान तरीका है छोटी-मोटी कुकुर-मुकुर को भूल कर अपने कर्म करें, मस्त रहें। किसी के द्वारा कुछ कहने से हमारे शरीर पर कोई प्रभाव थोड़ी होता है अगर किसी ने मोटा कह दिया या किसी ने पतला कह दिया तो क्या हम मोटे या पतले हो जाएंगे? नहीं! बस खुद की नजरों में अच्छे रहो। लोगों की नजरों एवं लोगों का अप्रुवल मत ढूंढो।

अशिष्टता का जवाब कभी न दें। जब लोग आपके प्रति असभ्य होते हैं, तो वे प्रकट करते हैं कि वे कौन हैं, न कि आप कौन हैं। इसे व्यक्तिगत रूप से न ले, चुप रहें।

"दुःख विचारों में होता है दुःख भाव है, सोच द्वारा उत्पन्न भाव।"

जीवन बहुत सरल है लेकिन हमने छोटी-छोटी बातों से कठिन बना दिया है। मैं क्यों फोन करूं, पहले मैं क्यों करूं? गलती उसकी थी, मैं क्यों करूं, मैं इसलिए करूं क्योंकि मुझे खुशी चाहिए, सेहत चाहिए अच्छे रिश्ते चाहिए मुझे इस ब्रह्माण्ड को अच्छा बनाना है। इसलिए मैं पहले फोन करूं। क्योंकि मैं शक्तिशाली आत्मा हूँ। इसलिए मुझे झुकना है। क्योंकि सामने वाले में झुकने की ताकत नहीं है। मैं शक्तिशाली आत्मा हूँ हर बार मैं ही क्यों एडजस्ट करूं क्योंकि मैं शक्तिशाली आत्मा हूँ।

इंसान उन चीजों से कम बीमार होता है जो वह खाता है, ज्यादा बीमार वह उन चीजों से होता है जो उसे अंदर ही अंदर खाती रहती हैं इसलिये कम सोचें, और अच्छा सोचें।

डोंट टेक पर्सनली- व्यक्तिगत मत लेना अर्थात दिल पर मत लेना। अगर सेल्स में, रिश्तों में इतिहास बनाना चाहते हो तो कभी किसी घटना को व्यक्तिगत मत लेना चाहे कोई कुछ भी कह दे, गाली दे दे, अपमान कर दे, कुछ भी.... व्यक्तिगत लेने की जरूरत नहीं है। व्यक्तिगत लेने वाले लोग कभी जिंदगी में कामयाब नहीं होते हैं क्योंकि जो व्यक्तिगत रूप से लेता है फिर वह बदले की तरफ जाता है और प्रकृति में बदला अर्थात बदले का परिणाम सिर्फ विध्वंस है। इसलिए व्यापारिक, पारिवारिक दुनिया में रिश्तों में कभी व्यक्तिगत मत लो। इससे आपकी मानसिक शान्ति चली जाएगी, तनाव बढ़ जाएगा।

जीवन में खुशी का अर्थ लड़ाइयां लड़ना नहीं, बल्कि उनसे बचना है, कुशलतापूर्वक पीछे हटना भी अपने आप में एक जीत है।

मेरे जीवन में हजारों समस्याएं रही हैं जिनमें से ज्यादातर तो कभी दरअसल आई ही नहीं।- मार्क ट्वेन

एक गिलहरी बहुत मेहनती थी। एक बार जंगल के राजा शेर ने गिलहरी को याद किया और वह बोली महाराज आदेश करें। मेरे पास तेरे लिए काम है वह काम करने पर में तुम्हें दो बोरी अखरोट दूंगा। गिलहरी उसी दिन से काम पर लग गई। ईमानदारी से काम करती रही 1 साल तक। काम करते ही उसे दो बोरी अखरोट मिल गए। वह बहुत खुश हुई उसने अखरोट खाने की कोशिश की। उसके दांत कमजोर हो गए वह अखरोट नहीं खा पायी।

जिंदगी को इतना भी सीरियस नहीं लेना चाहिए कि काम के लिए सब कुछ भूल जाओ हेल्थ, परिवार, दोस्त, घूमना-फिरना आदि। जीवन के हर पहलू पर ध्यान दें। हम इतनी मेहनत करते हैं, पैसा कमाते हैं, कभी-कभी पैसा तो कमा लेते हैं पर उस पैसे को यूज करने की एनर्जी हमारे पास नहीं रहती।

एक बुजुर्ग 70 वर्ष के थे। कुछ समय से उनकी सेहत अच्छी नहीं थी। उसका कारण एक बुरा दृश्य था। जो उन्हें बार-बार कचोट रहा था। परेशान एवं दुःखी कर रहा था। एक बार उनके एक बेटे ने गुस्से में (उसे लगा उसके पिता ने संपत्ति बंटवारे में नाइंसाफी की मेरे दोनों भाइयों को ज्यादा दिया और उसे कम) उनके खाने की थाली को ठोकर से फेंक दिया और उसके पोते एवं बहू के सामने घर से निकल जाने को कहा यह घटना उसके मस्तिष्क पर अंकित हो गई हर वक्त उनके समृति में यह चलता रहता था। वह तनाव में रहने लगे। बी.पी. और सरदर्द हो

गया। उपाय या तो वह तनाव बी.पी. की गोली रोज खाते रहे या उस घटना को भूल जाएं। बुरी यादों को मिटा देना ही तनाव को खत्म कर सकता है। वह दो सपूत बेटों की अच्छी-अच्छी स्मृतियों को भुलाकर एक कपूत की बुरी स्मृतियों को अपने मन में स्थाई कर चुके थे। उस बेटे की उस हरकत को उसी के साथ भुला देना था क्षमा कर देते।

क्षमा वह डस्टर है जिसमें हम बुरी समृतियों को अपने मन के ब्लैक बोर्ड से मिटा सकते हैं।- लेखक

हमें बड़ा बनने के लिए बेईमान बनने की जरूरत नहीं है बड़ा बनने के लिए किसी दूसरे को चीट करने, किसी के साथ बुरा करने की जरूरत नहीं है, आप अपनी लाइन को बार-बार बड़ी खींच के दूसरों की लाइन को छोटा कर सकते हैं आपको दूसरों की लाइन मिटाने या धोखाधड़ी करने की जरूरत नहीं है।

"जिंदगी को जीना आसान नहीं होता, जिंदगी को जीना आसान बनाना पड़ता है। कुछ सब्र करके, कुछ बरदास्त करके और बहुत कुछ नजरअदांज करके"।

क्रिकेट में एक शब्द है स्लेजिंग मतलब छींटाकशी बोलर आता है भागता-भागता और बल्लेबाज को तंग करता है। बल्लेबाज अच्छा खेल रहा है उसका ध्यान भंग करने के लिए कुछ न कुछ बोलकर चला जाता है। क्रिकेट कैरियर में सचिन तेन्दुलकर ने कभी स्लेजिंग का जवाब मुंह से नहीं दिया। हमेशा रन बनाकर दिया स्लेजिंग न हो ये तेन्दुलकर के हाथ में नहीं। वह गेंदबाज आयेगा उसका फोकस खराब करने, लेकिन तेन्दुलकर की एक खासियत है उन्होंने कभी स्लेजिंग पर रियेक्ट नहीं किया। हमेशा रेस्पोन्स दिया 100 शतक लगाकर। लल्लुलाल क्रिकेटर गेंदबाज द्वारा स्लेज करने पर आक्रामक होकर विकेट खो देता है ये रियेक्शन है।

रेस्पोन्ड अच्छा होगा तो आउटकम अच्छा होगा। इवेंट से कुछ फर्क नहीं पड़ता। आपकी जिंदगी में तमाम इवेंट आयेंगे आपको डिस्टर्ब करेंगे। डिफोकस करेंगे। आपको मेंटल इंमबेलेंस करेंगे। मजे की बात, आप टेंशन में आ जायेंगे। कुछ न कुछ ऐसा कर देंगे जिससे परेशानी बढ़ जायेगी। परेशानी 10 प्रतिशत होती है। आपकी प्रतिक्रिया 90 प्रतिशत कर देती है।

लक्ष्य और कमेंट्री में फर्क जब एक मैच चलता है तो बल्लेबाज क्रिकेट खेलता है, कमेंट्री बाहर बैठकर दूसरा व्यक्ति करता है। पूरी दुनिया में जो आपका लक्ष्य है उस लक्ष्य को हिट करने में अपना स्वस्व लगा दो, क्योंकि जगत कमेंट्री करेगा। उनकी कमेंट्री से अपनी दिशा मत बदल देना। जो कमेंट्री से प्रभावित हो जायेगा, वह लक्ष्य से भटक जायेगा। अगर कमेंट्री में उलझ गए तो समझो गए। जीवन का लक्ष्य सफलता है, बाकी सब कमेंट्री है। अगर आपकी दिशा सही है तो सफलता आपके चरणों में आयेगी। दिशा भूल गए तो जीवन भूल गए।

❖❖

18.

कैसे हैं आप?

कहें कि आप अच्छे हैं और आपके साथ सब अच्छा हो रहा है; फिर ईश्वर भी आपकी बात सुनकर उसे सही साबित करेंगे।- एला व्हीलर विलकॉक्स

जीवन में कितनी भी परेशानियां, चुनौतियां आएं कभी खुद को कमजोर नहीं मानें। क्योंकि ईश्वर परेशानियां उसे ही देता है जो उनसे निपट सके। चाहे आप कितने ही बुरे दौर से गुजर रहे हों। कभी यह मत कहो जीवन कट रहा है, ठीक है, फाइन हूँ, हमेशा कहो अमेंजिंग, ग्रेट, जबरदस्त हूँ। आपके अंदर की स्टोरी जबरदस्त होनी चाहिए। क्योंकि आपके शब्दों एवं आपके हाव-भाव का बहुत प्रभाव पड़ता है।

जब सब अच्छा होता है तो कहते हैं सब बढ़िया चल रहा है पर कुछ परेशानी होती है तो आरोप लगाते हैं कि सरकार की वजह से, पत्नी की वजह से, परिवार की वजह से ऐसा हुआ। कभी किसी को दोष न दें, खुद स्थिति-परिस्थिति को बदलें। दोष देने से कुछ होने वाला नहीं है, बस मन को झूठी तसल्ली के सिवा कुछ नहीं मिलता। याद रखें किसी दूसरे को दोष देने से सुधार की गुंजाइश खत्म हो जाती है।

आपको वही मिलता है जिसकी आप बातचीत करते हैं। इसलिए सकारात्मक बातचीत करें।

चेहरे पर मुस्कान रखें, यह रूप-रंग निखारने का एक किफायती तरीका है।

आज से आप किसी भी स्थिति परिस्थिति में हों कोई आपसे पूछे कैसे हो तो कहो-

- बहुत बढ़िया
- जबरदस्त
- अमेजिंग
- ऑसम
- फस्टक्लास

अगर यह नहीं बोल सकते तो बोलो अब सब अच्छा होगा।

आप अपने आपको बेस्ट कमान नहीं देते हैं। अगर कोई अतिथि आता है तो हम उनके लिए नये बर्तन यूज करते हैं खुद के लिए टूटे-फूटे क्यों? आज से खुद को अच्छा देना शुरू करें।

दो दोस्त राम और श्याम साथ पढ़ते थे। 10 साल बाद मिले दोनों की चर्चा शुरू हुई। श्याम ने राम से पूछा तेरी शादीशुदा जिंदगी कैसी चल रही है, राम ने कहा हमारा शादीशुदा जीवन सुंदर है, जब मेरी पत्नी की आंखें भी नहीं खुलती मैं उसे अपने हाथों से बनी चाय की खुशबू से जगाता हूँ उसके चेहरे की मुस्कान जब मैं देखता हूँ तो करोड़ों रुपए वसूल हो जाते हैं, मेरे बनाये हुए भोजन से उसकी आत्मा तृप्त होती है और उसकी दुआएं मुझे लगती हैं। हमारी ट्यूनिंग जबरदस्त है हम तो दो जिस्म एक जान हैं। तुझे पहले से पता है मुझे सफाई बहुत पसंद है, जिस तरीके से मैं घर की सफाई करने में उसकी मदद करता हूँ दिल गार्डन-गार्डन हो जाता है। तुझे यह भी पता है कि मैं हाइजिन कितना मेंटेन करता हूँ। मुझे हर किसी के धोये बर्तन पसंद नहीं आते हम तो जबरदस्त जीवन जी रहे हैं, श्याम चकित होते हुए देख रहा था। फिर राम ने पूछा तेरी शादीशुदा जिंदगी कैसी चल रही है? यार हालत तो मेरी भी तेरी तरह ही फटेली है, पर तेरी तरह बताना नहीं आता। बर्तन मैं भी धो रहा हूँ, खाना मैं भी बना रहा हूँ, सफाई मैं भी कर रहा हूँ, तूने बताया बहुत अच्छा लगा, लगा ही नहीं कि तू नौकर है। आपके शब्द ही आपके रिश्ते बनाते हैं।

इन शब्दों का प्रयोग न करें अगर कोई आपसे पूछे कैसे हो-

- ठीक हूँ।
- जिंदगी कट रही है।
- बीमार हूँ।
- हालात खराब है।

यह अच्छे इनपुट नहीं हैं। इनसे हमारे हाव-भाव प्रभावित होते हैं क्योंकि हम जैसे शब्द हमारे दिमाग में इनपुट करेंगे वैसा ही आउटपुट आयेगा।

जितने भी बड़े सेलीब्रिटी या अमीर लोग हैं परेशानी उनके जीवन में भी आती है। जब वे परेशानी में होते हैं तब भी यह कहते हैं, सब अच्छा है। यह हमेशा अच्छी कमान देते हैं। लेकिन हम लोग छोटी सी भी परेशानी में होते हैं तब कोई पूछता है तो उसे परेशानी बताते हैं।

जब आप ऑफिस, कार्य, व्यवसाय से घर लौटें तब घर में दाखिल होने से पहले अपनी सारी समस्याएं बाहर ही छोड़कर आएं घर प्यार और मुस्कुराने के लिए होता है।

अपनी ऊर्जा खुश रहने में ही खर्च कीजिए क्योंकि खुशी से ही आपकी इम्यूनिटी बढ़ती है। खुश रहना हमारे अपने नजरिए पर निर्भर करता है, परिस्थितियां मायने नहीं रखती, आपकी खुशी के लिए।

मुझे बताएं आप सामान्यतः खुश कब होते हैं कोई कहता है जब मेरी कोई तारीफ करता है, जब मैं घूमने जाता हूँ, जब मैं शॉपिंग करता हूँ, मेरा अच्छा रिजल्ट आता है या मैं अपने दोस्तों से मिलता हूँ तो यह सारे कारण हैं आपकी हैप्पीनेस के लिए, पर होता क्या है जब यह कारण खत्म हो जाते हैं और आपकी हैप्पीनेस खत्म भी हो जाती है यानी हम वजह की वजह से खुश रहते हैं वजह खत्म, खुशी खत्म। एक आदत डालें बिना वजह खुश रहने की। अगर आपने बिना वजह खुश रहना सीख लिया तो आप कभी दुःखी नहीं हो सकते।

" ू ले आसमान को जमीन की तलाश न कर,
जी ले जिंदगी को खशी की तलाश न कर,
तेरी जिंदगी बदल जाएगी अपने आप दोस्त,
सिर्फ मस्कराना सीख ले वजह की तलाश न कर।"

दूसरों के प्रति दयालुता और सहानुभूति से भरे भाव रखने से मस्तिष्क में सेरोटोनिन नामक हार्मोन पैदा होता है यह हमें बेहतर महसूस करवाता है।

खुशी जो है उसे चाहना, जिसे चाहते हो और उसे पाना, आपके पास साइकिल है पड़ोसी के पास स्कूटर अब साइकिल में भी दुःख नजर आने लग गया क्योंकि पड़ोसी के पास स्कूटर है। मेहनत करके एक दिन आप बाइक ले आते हैं। इससे आपको गजब आनंद आता है। कुछ दिन बाद पड़ोसी कार ले आया। अब बाइक की खुशी गायब मतलब आपको खुश रहना आता ही नहीं, अब रात-दिन मेहनत करके आप उससे बड़ी कार ले आते हैं, कार में खुशी, फिर कुछ दिन बाद पड़ोसी मर्सिडीज ले आता है। आपकी खुशी गायब। आपको खुशी कभी मिल ही नहीं सकती, क्योंकि आपकी खुशी निर्भर ही दूसरों पर कर रही। आपकी खुशी तो गिरवी है। दुनिया में करोड़ों लोगों की खुशियां गिरवी पड़ी हैं। खुश भी तब होते हैं जब दूसरे दुःखी होते हैं जीवन में जो लोग दूसरों के दुःखों में अपनी खुशी खोजते हैं वह बर्बाद होते हैं।

जब आपके पास साइकिल थी सुख का सागर निकाला जा सकता था। अरे भगवान की कृपा से मेरे पास साइकिल है। करोड़ों लोगों के पास तो साइकिल भी नहीं है, साइकिल में करोड़ों का सुख नजर आएगा। जब-जब ध्यान दूसरों पर जाएगा साइकिल क्या हवाई जहाज में भी दुःख नजर आएगा।

छोटो को देखकर जियो, बड़ों को देखकर बढ़ो, अच्छे के लिए प्रयास करो, बुरे के लिए तैयार रहो।

हमें पता है कि रंगोली दूसरे ही दिन मिटने वाली है, फिर भी वो ज्यादा से ज्यादा आकर्षक हो, मनमोहक हो यह कोशिश रहती है। जीवन भी कुछ रंगोली जैसा ही है, हमें पता है जिंदगी एक दिन खत्म हो जाएगी, फिर भी उसे खूबसूरत बनाने की कोशिश करते रहना चाहिए।

❖❖❖

लेखक के बारे में

लेखक सुनील कुमार खोईवाल का जन्म चित्तौड़गढ़ जिले में निम्बाहेडा तहसील के मिण्डाना गांव में हुआ था। आप वर्तमान में कृषि विभाग राजस्थान में अधिकारी हैं। आप प्रेरक वक्ता भी है साथ ही अनेक जनसेवा के कार्यों से जुड़े हुए हैं। आपके दो राष्ट्रीय, अन्तर्राष्ट्रीय शोध पत्र एवं बारह लेख प्रकाशित हो चुके हैं। साथ ही आठ आकाशवाणी वार्ताएं प्रसारित हो चुकी हैं।

लेखक को पाठक sunilkhoiwal1989@gmail.com पर फीडबैक प्रदान कर सकते हैं।